豪華個室寝台列車の旅

一個人編集部 編

CONTENTS

※本書は、月刊『一個人』2006年1月号、2007年2月号、2007年6月号、の記事を修正、再編集したものです。

台列車の旅

豪華！個室寝

保存版特集

北の大地を豪華展望室からのぞむ「カシオペア」「トワイライトエクスプレス」「北斗星」。旅情あふれるブルトレの面影を残す九州行「はやぶさ」、最新の室内設備を誇る「サンライズ」etc.。豪華さと快適さを極めた個室寝台列車に乗り込み、都会の雑踏を離れて旅に出る。ほっと一息つける自分だけの空間で満喫する至福の列車旅を完全ガイド！

走るホテルで列車の旅を満喫する

写真／真島満秀写真事務所

従来の寝台列車のレベルを打ち破った豪華寝台特急カシオペア。
シルバーに輝く斬新なデザインのオール2階建て編成は、
すべての寝台がA個室という文字どおりのプレミアムトレインだ。
フュージョングループ「カシオペア」のキーボーディストであり、
自他ともに鉄道ファンを認める向谷実さん夫妻が、
カシオペアに乗って札幌へと旅立つ。

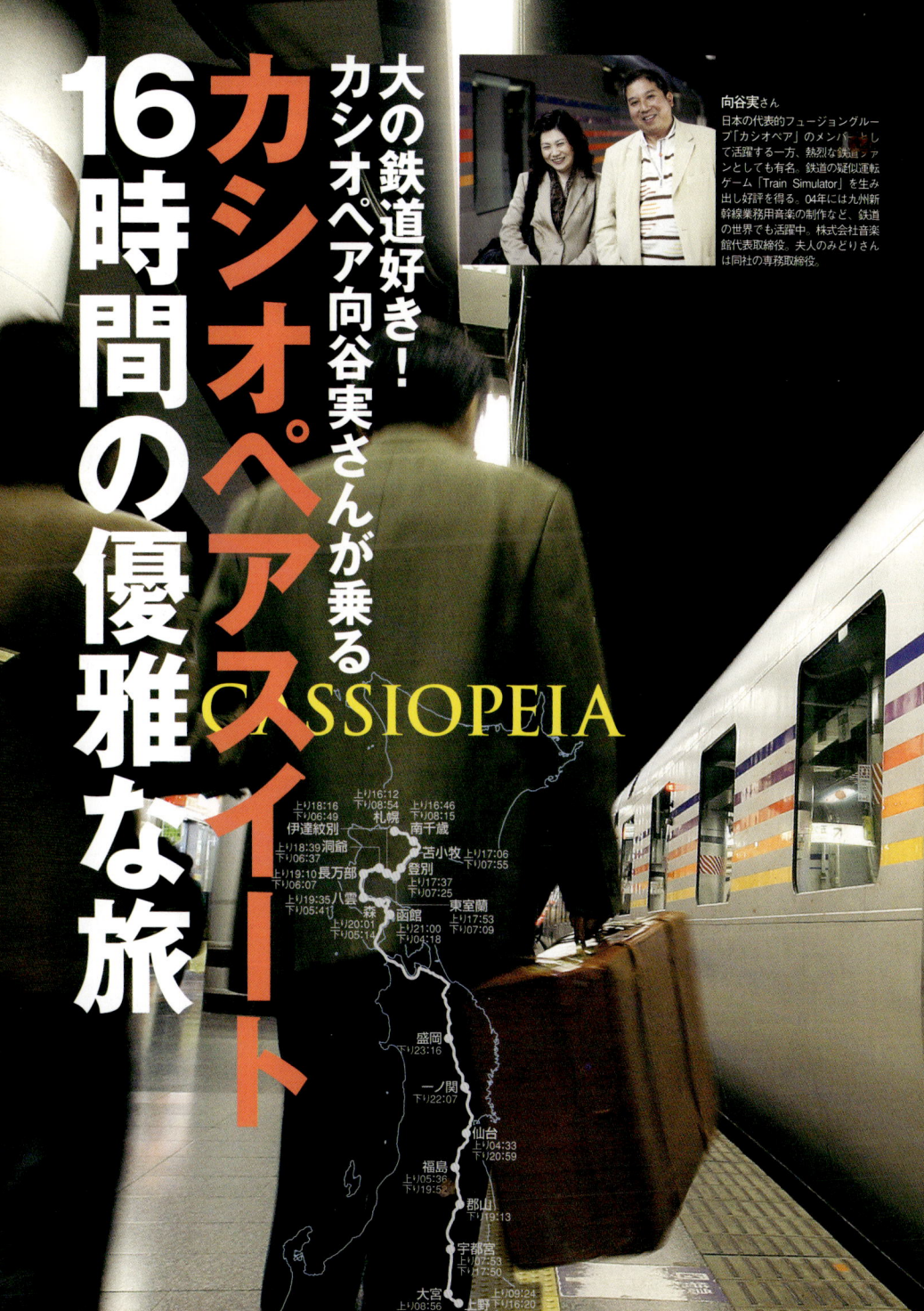

大の鉄道好き！カシオペア向谷実さんが乗る
カシオペアスイート
16時間の優雅な旅

CASSIOPEIA

向谷実さん

日本の代表的フュージョングループ「カシオペア」のメンバーとして活躍する一方、熱烈な鉄道ファンとしても有名。鉄道の疑似運転ゲーム「Train Simulator」を生み出し好評を得る。04年には九州新幹線業務用音楽の制作など、鉄道の世界でも活躍中。株式会社音楽館代表取締役。夫人のみどりさんは同社の専務取締役。

スイート個室からパブリック空間まで
カシオペアの車内設備を愉しむ

（上）札幌ゆき寝台特急は上野駅13番線から発車。通勤電車専用のホームとは異なり長距離列車ターミナルの重厚な雰囲気だ。はやる気持ちを抑えて向谷夫妻がやってきた。（下）車内では女性アテンダントがサービスにあたる。長時間の乗車を快適にサポートする。

CASSIOPEIA

1号車1番は編成中唯一の展望タイプのカシオペアスイート。ツインベッドとソファーからなりスペースも十分。室内にシャワールームも備える。

「指折り数えて待ちわびていました」

と笑顔で上野駅に現れたミュージシャンの向谷実さんご夫妻。人気フュージョングループ「カシオペア」のキーボード奏者として活躍する一方、熱烈な鉄道ファンとしても知られる。ゲームの開発にも携わり、公私とも鉄道漬けの生活だ。

「寝台列車に乗り込むときに感じる旅への期待はいいですね」

寝台特急「カシオペア号」札幌ゆき。リザーブしたのは2号車2番、メゾネットタイプのスイートだ。ツインベッドが線路方向に並ぶ一階の寝室と向かい合わせにソファーが据えられた二階の居間とからなり、全室がA個室寝台からなる「カシオペア」にあってもグレードの高いプレミアムルームである。

「特殊な高さからの眺めといえばいいでしょうか。札幌まで楽しめるなんて素晴らしいですね！」

2階のソファーに腰を下ろした向谷さんは、発車前から満足した様子だ。

「あれ、動いてる⁉」

まったく動揺を感じさせずに上野駅を離れる「カシオペア」。十六時間三十四分の旅のはじまりは、あくまでも静かでゆったり。せかさせることなくゆとりを楽しむ旅である。

「ルームサービスでございます」

荒川の鉄橋を越えるころ、食堂車スタッフがウエルカムドリンクのサービスにやってきた。スコッチの水割りセットと小樽ワインのハーフボトルが運ばれ、さらにソフトドリンクと翌朝のモーニングコーヒーのオーダーもとる。「北斗星」のロイヤルなどでも実施されているサービスだが、「カシオペア」では全室が対象。ただし、アルコール類はカシオペアスイートとカシオペアデラックスのみのプレミアムだ。

「世界各国の豪華列車に乗りましたが、鉄道会社でない企業がこうしてサービスにあたる形式は珍しいと思います」

と向谷さん。

さっそく奥様と乾杯をしながら、接客サービスに感心するとともにどこか日本の鉄道を誇らしく思っている雰囲気も。

「ラウンジカーや食堂車など、ハード面も含めて興味のつきない列車ですね」

旅ははじまったばかり。グラスを傾けながら、いつもとは異なるときのうつろいを味わう。

たそがれどきを展望スイートで…。走り去る車窓を独占できるあこがれの個室寝台だ。

メゾネットタイプのカシオペアスイートは室内に専用階段を持つ。2階がソファーのある居間で、1階がツインベッドの寝室。

やや固めのベッドが並ぶ寝室の装いは列車ホテルの名に恥じないレベル。シャワールームやクロークも完備する。

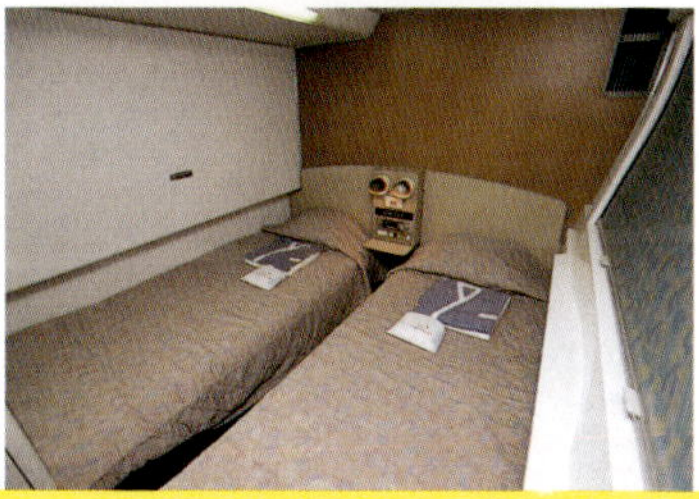

向谷実さんのとっておきの列車コレクションを公開！

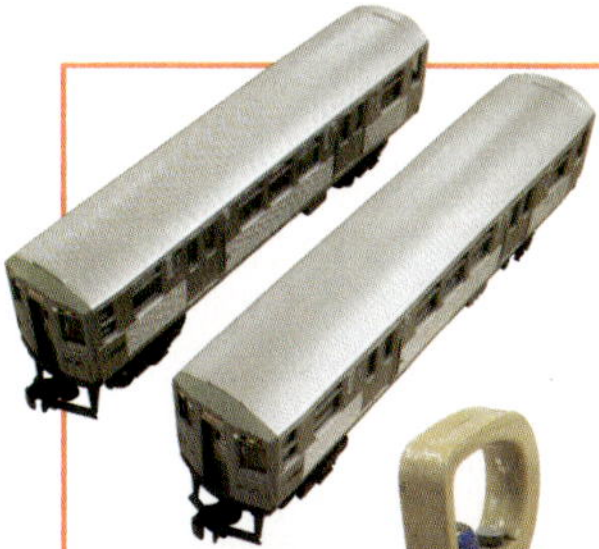

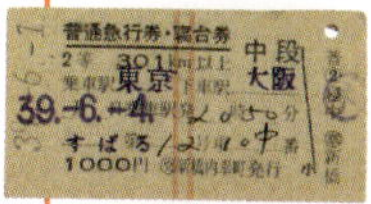

「あえていえば"時刻表派"でしょうか」という向谷さんは、鉄道もののコレクターでもある。その範囲たるや鉄道模型から現場で用いられたライト、メーターなどなど。とりわけ切符には愛着が。「等級制時代の"特別急行券"やいまはなき玉電の乗車券など貴重な切符もあるんですよ」と笑顔でその一部を披露。

カシオペアスイートとカシオペアデラックスにはワインとスコッチなどのウエルカムドリンクも。

こうした人的サービスの充実がカシオペアの旅に快適さと安心感をプラスしている。

各室内には液晶モニタと室内灯などのコントロールパネルが。BS放送のほかGPS画面がユニーク。

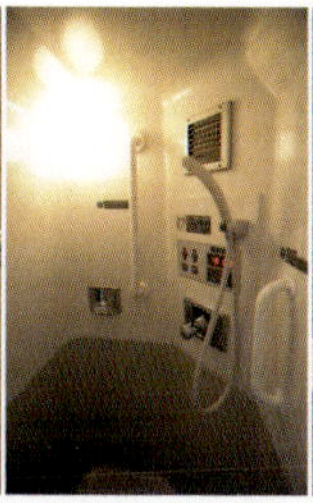

シャワールームには洗面台とトイレも備えカーテンで仕切られている。お湯は延べ18分間利用可能。

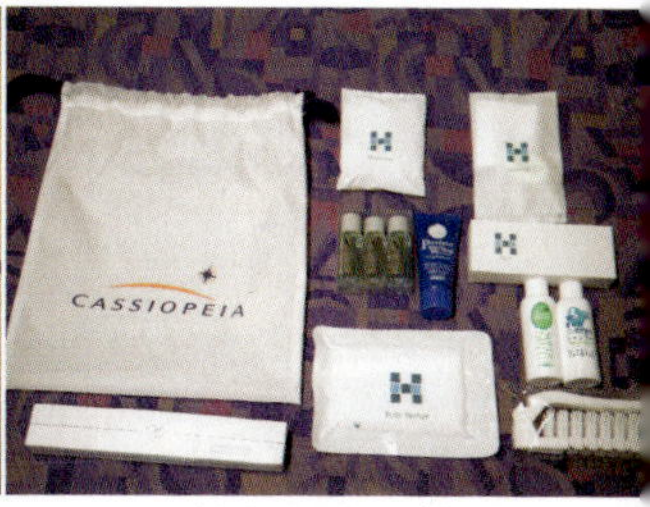

カシオペアスイート（デラックスにも）に配布されるアメニティーグッズ。コンパクトかつおしゃれに。

すべてに行き届いた空間は走るホテルと呼ぶにふさわしい

(上) 2階部分のカシオペアツインは眺めのよさがウリ。通路側には洗面台とトイレを完備。(下) 1階は天井部分が広く落ち着いた雰囲気だ。テーブルとソファーは折り畳み式。

一部のカシオペアツインにはエキストラベッドで3人利用できるタイプも。上段ベッドは折り畳み式、ソファーは手動でベッドに転換

CASSIOPEIA

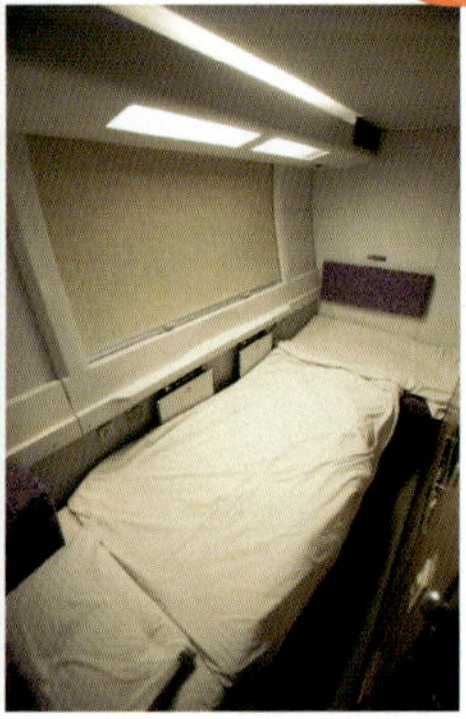

カシオペアツインのベッドをセット。対面ソファーを手動で転換しリネン類を敷く。奥の固定ベッドとはL字型の配置になる。

4号車に1室ある車椅子対応のカシオペアコンパート。広めの電動扉を採用するなど実用性も十分に考慮されている。

大宮を発車すると、沿線風景はにわかに田園色を帯びる。都会に後ろ姿の余韻を残し、東北本線を北に向う「カシオペア」。銀色の車体にあたる陽射しが次第に色合いを変えてゆく。

「ラウンジカーに行ってみましょう」

ラウンジカーを訪なう向谷さん。ドーム状の屋根など、曲線を存分に用いたデザインは、鉄道車両というよりは近代的なホテルを思わせる幾何学的雰囲気を持つ室内だが、陽射しが柔和に取り込まれごく自然な感じだ。

十二両編成中の12号車に位置する行き止まり式の展望タイプのため、下り列車では青函トンネルを通過する青森―函館間が最後尾になるが、そのほかの区間では機関車と顔をつきあわせる独特のシーンがみられる。「カシオペア」専用にデザインされた電気機関車の疾走をまぢかに望む躍動感溢れるシアターといっていい。

「こういう情景もいいですよ。ちょっと機関車に乗り移ってみたくなってしまいますが」

ミュージシャン・向谷さんのもうひとつのヒット作が「トレインシミュレーター」、鉄道車両の運転シミュレーションゲームだ。

「95年発売の中央線201系が最初です。ずっと音楽をやってきて音楽のデータ化をしていくなか、映像にもテクニックの応用ができるのではと思ったのがそもそもなんです」

当初のマッキントッシュ専用から、現在ではプレイステーション3用に進化し、

ラウンジカーでくつろぐ向谷夫妻。曲線をふんだんに用いた大胆なデザインで、札幌ゆきでは一部区間を除いて機関車の直後に連結。自由に利用できる。

19〜22時はラウンジカーにショップがオープン。アルコール類などの飲み物やおつまみ、土産品などが揃う。

5・9号車には半個室ふうのミニロビーも。共用スペースが充実しているのもカシオペアの特徴だ。

ラウンジカーと2号車デッキ付近にはカード式公衆電話を設置。長時間の旅に安心感をプラスする。

ソフトドリンクの自動販売機は12号車ラウンジカーと5・9号車に。もちろん運転中はいつでも利用可。

表現の幅が拡がるとともに路線的なバリエーションも格段に増えた。

「現在進めているのが、台湾新幹線です。ロケでは専用列車を四往復させるなど、鉄道ファンをやってきてよかったなぁとシビレまくりでしたね」

今年一〇月、さいたま市にオープン予定の鉄道博物館に展示するD51のシミュレーター制作も佳境を迎えつつある。

「いわゆるマニア以外の人たちにもふうに楽しんでもらって、それまでの暗いとかオタクといった鉄道ファンのイメージを払拭できたんじゃないでしょうか」

ゲームが登場した当初、トップミュージシャンと鉄道趣味とのカップリングに意外さを感じた人もいそうだが、鉄道趣味や鉄道の旅を自然体で明るく楽しむというスタイルを提案し確立したひとりが向谷さんだといっていい。

こうして公私とも各地の鉄道に乗ってきた向谷さんだが、ここで意外な（？）発言も。

「じつはカシオペアにフル乗車するのははじめてなんですよ」

お披露目の試乗会で上野—宇都宮間に乗って以来、全線を楽しむ機会に恵まれなかったらしい。

「それだけに、今日は鉄道ファンとしての夢がもうひとつ叶ったといっていいでしょう」

奥様と並んでソファーにくつろぐ表情からは、鉄道の旅を心底から楽しんでいる〝素〟の向谷さんが窺えるようだ。

北の大地で出合ったカシオペアとっておきの名シーン

白銀の車体を輝かせてカシオペアが快走。走行中の外観も魅力満点だ。

一夜明け、新緑の大地をゆく。終着・札幌まであとわずか…。

走行時間の長いカシオペアでは昼間の車窓も楽しみのひとつ。

内浦湾で朝を迎えた。穏やかな海を照らす朝日とシルエットの共演。

深夜の青森駅で機関車交換のため運転停車。大半の乗客はすでに夢の中だが列車は眠らない

「景色は夜だって楽しめるんですよ」

夜を迎えたカシオペアスイートの室内では、灯を消して車窓を楽しむ向谷さん夫妻の姿があった。

「灯をつけたり消したりが自由なのも個室のよさですね。いつもこうして夜汽車の旅を楽しんでいます」

真っ暗なような夜の車窓にも見どころは少なくない。家々やビルの灯もあれば、ネオンや自動販売機、クルマのライトも通り過ぎてゆく。まだ宵の口なのに、夜行列車から眺める外の世界は、すでに深夜のように静まり返ってみえる。

「こういうテンポだからこそ、沿線の様子や町の変化などもわかるんです」

たしかに、車窓を楽しむには寝台列車の速度というのは最適といえそうだ。

沿線の夜景では、福島発車後に右側に広がる福島盆地の夜景が映える。勾配を登りながら展開する夜のパノラマである。そして青函トンネル。寝静まった青森駅での運転停車もドラマ性を感じさせる情景かもしれない。

夜明けからは大沼・小沼や駒ヶ岳、内浦湾のまぢかに走る森―苫小牧など見どころは多い。

「平原が広がる先にずっしりと山が座っていたり、まさに北海道ならではの車窓ではないでしょうか」

向谷さんが説明するとおり、線路の両側に広がる平原のダイナミックさは、北海道以外ではなかなかお目にかかれないものだ。登別付近や白老周辺など、そんな感慨を抱かせる風景は少なくない。

CASSIOPEIA

走り去る夜景を眺めながら食堂車の最高に贅沢な時間が始まる

CASSIOPEIA

（上）ディナータイムは予約制。２人用と４人用のテーブルがある。２階部分を巧みに設えたダイニングで、約束されたくつろぎを楽しむひととき…。（下）７名のスタッフのうち厨房ではベテランコック２名が奮闘。手間をかけた料理が生み出されてゆく。

しっとりとした照明とインテリア。向谷さん夫妻の語らいが静かに弾む至福のプライベートタイム。

「食堂車は大好きです。あればたいていは利用してきましたし、もちろん海外でも同じです」

世界中で食堂車に乗ってきたという向谷さん夫妻が予約したのは、フランス料理コース。ひとつひとつが手づくりの本格コースである。

食前酒にはスパークリングワインをオーダー。奥様と合わせるグラスの音が透き通った音色を奏でた。

料理はサラダ仕立てオードブル「アスパラガス、フルーツトマト、帆立貝と蟹のサラダ　バルサミコ風味」にはじまり、魚料理「平目の湯葉包み蒸し　バジルのムスリーヌ添え　青森産ニンニクのクリームソース」に進む。魚介をふんだんに用いたサラダのさわやかな味わいと、こぢんまりとした面だちのなかに濃淡の味わいを凝縮した包み蒸し。メインの肉料理「牛フィレ肉のソテー　温野菜添え　赤ワインソース」はキノコやカボチャ、トマトなどの彩りが食欲を誘う。デザートは「特選デザートとフルーツの盛り合わせ」。ケーキとクリームの甘味がコーヒーとともに食を穏やかに鎮める。

「これこそがまさに〝スローライフ〟なんじゃないでしょうか。いまやジェットと新幹線の時代で高速化の一途です。たしかに便利にはなりましたが、それと引き換えに失なわれてゆくものがあって、それは世界共通の動きなんですね。新幹線から大好きな食堂車がなくなってだいぶ経ちますけれど、そういう時代に対して寂しいなと思う気持ちもあります」

オリジナルをはじめ、ワインリストの充実もカシオペアの特徴。適度に冷やされた好みの一品を傾けながら、料理をじっくりと味わってみたい。

カシオペア懐石御膳は小鉢から季節のお吸い物まで小気味よくまとめられた本格和食。吟味された素材と調理でもてなされる。

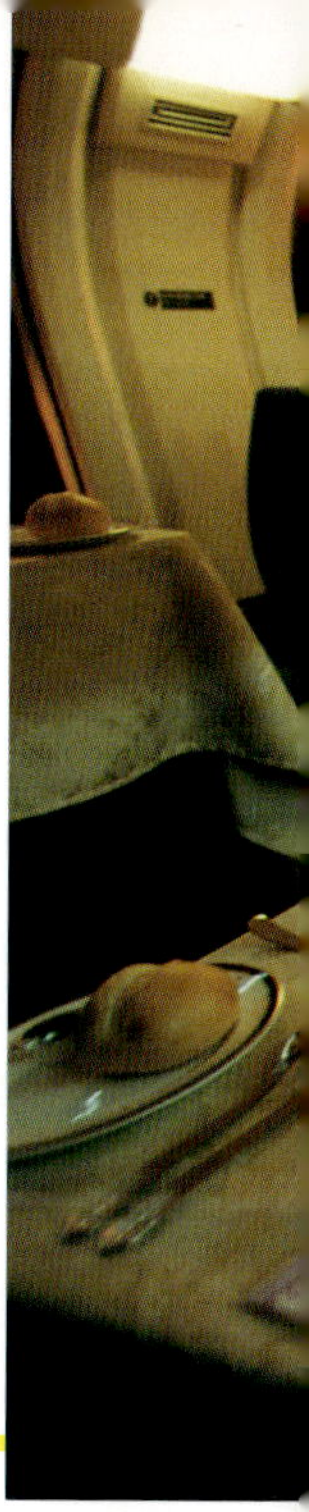

魚料理は平目の湯葉包み蒸。包み蒸の淡白な味わいとニンニクのクリームソースのほのかなコクとがよく合う。

肉料理は牛フィレ肉のソテー。じっくりと調理された柔らかな肉とふんだんな温野菜とのコンビが贅沢な一品。

サラダ仕立てのオードブルは、アスパラガスやフルーツトマトのほか帆立貝や蟹肉をアレンジ。

フルーツやケーキなどほどよい賑わいのあるデザートも侮れない魅力を発揮。味覚の余韻をたどりながら…。

「世界レベルの列車であり食堂車ですね」と終始笑顔の向谷さん。クルーの細やかな心遣いもその魅力を支えている。

鉄道を移動手段とみればスピード化は日々進歩する一方だが、いつの間にか消えていったものも少なくない。こうして食堂車で時間をかけて食事を味わうというのもそのひとつではないだろうか。「カシオペア」は進化した現代の寝台車の旅と同時に、いにしえの汽車旅をも体験できる貴重な列車ともいえそうだ。

「家族づれのお父さんもうれしそうでしたよね。家族も楽しんでいたと思います。でも、こういう楽しさを知らない人が多いのも残念な事実なんですねぇ」

乗り合わせた六人グループのだんらんに、向谷さんは鉄道の旅を楽しむ家族の情景をみた。

「あら、あたしたちだって、ゆったりとゆく旅がなかなかできないじゃない。ましてやふたり揃ってというのは……」

紅茶カップを手に、奥様が微笑む。

予約不要だからふらっと訪ねる パブタイムと朝食の愉しみ

ディナータイム終了後のダイニングカーは23時まで予約不要のパブタイムとなる。さっそく向谷さん夫妻も自室を抜け出して乾杯。

料理メニューの豊かさもうれしいサービスだ。街の高級レストランと比べても遜色のないレベルを持つ。

もちろん食事メニューもあり、予約が取れなかったり遅めの時間に夕食をとりたいケースもフォロー。

CASSIOPEIA

朝食は車内放送によって案内されるが、人気が高いため早めに席を確保したい。料理はもちろんできたて。カシオペアの旅にこそふさわしいとっておきの朝のひととき。

朝食は和・洋セットからチョイス。基本メニューは同じだが、調理法で違いをアレンジ。洋食にはパンがつく。

和食ではご飯とお吸い物がつく。食前のジュースと食後のコーヒー（紅茶）は共通のサービスだ。

灯りの余韻を残してカシオペアが走る。ダイニングは2階に位置するために眺望だけでなく静粛性にも優れるという利点がある。

ダイニングカーはディナータイム終了後に予約不要のパブタイムとなる。ひさびさの夫婦水入らずの汽車旅、ディナーの余韻も醒めぬままに再度ダイニングカーを訪れた。

「カリフォルニアワイン白や『特急「カシオペア」オリジナルワイン』が人気です」(ダイニングカースタッフ)

というワインのラインナップは13種類。ウィスキーや地酒なども揃い、左党にとっても楽しみの多い列車といえそうだ。オードブルはスタッフのおすすめに従って牛たんスモークとソーセージの盛り合わせ、野菜スティックをオーダー。

「これは〝おとなの楽しみ〟。いまの時代、若い世代に合わせるのが必ずしもいいとは限らないと思うんです」

たしかに、リラックスのなかにどこかしら折り目正しさの漂う空間は、おとなこそが過ごすに似つかわしい。そしてそれは、この列車の方向性を示すものともいえるのではないだろうか。

「それに、こういう列車に乗ると日本は大きいと感じられるんです。夜行がなくなったら、日本が小さくなってしまいますよ。でも、同じ夜行でもバスでは……」

旅の手段にはさまざまなものがある。鉄道だって新幹線もあれば鈍行の旅だってある。でもあえて「寝台列車もいいんだよ!」という考えを伝えたい気持ちが向谷さんにはあるという。

「カシオペアのライブのあと、メンバーを寝台列車に連れ込んでみたり。反応はいろいろですけどね。仕事が終わって、『オレだけ列車で帰るよ』とか、そういうこともしょっちゅうでしたよ」

「お休み放送」を済ませた列車は、深夜の青森駅に到着、機関車をつけ換えて青函トンネルへと歩を進める。

2時49分、鋭い汽笛とともに青函トンネルに突入。向谷さん夫妻は自室でトンネル通過を楽しんだというが、最後尾ラウンジカーには徹夜組の姿も。途中、竜飛および吉岡海底駅が後方に光の筋を残して通り過ぎていった。

北海道に上陸した列車は、函館でディーゼル機関車に交換、旅のエピローグへと向かう。駒ヶ岳の麓を越え、朝ぼらけの内浦湾が車窓に広がる。天候によっては、見事な朝焼けが拡がることもある沿線随一のビューポイントだ。「カシオペア」の代表曲のひとつ、「ASAYAKE」をBGMにするのもいいかもしれない。

通路を完全に隔てた構造は鉄道史上でも特筆もの。
鉄道車両の常識を超えたスペシャルトレインといえる。

函館ー札幌間はディーゼル機関車DD51重連が先頭に立つ。朝を迎えた北の大地を力強いエンジン音とともに疾走。旅はまだまだ続く。

カシオペアで体感する夜行列車の音風景

「寝台特急カシオペアデビュー５周年アニバーサリーフェスタin上野」では向谷さんのカシオペアも演奏。

カシオペアをモチーフにした「LUCKY STARS」のほか、アンコールでは人気ナンバー「ASA YAKE」も。

CASSIOPEIA

持参したマックで作曲をする向谷さん。個室をスタジオに、滑らかなメロディーが奏でられてゆく。

青森でJR北海道の車掌へとバトンタッチ。夜を徹して安全運行を支える一方、車窓案内などのサービスも。

青森ー函館間ではラウンジカーが最後尾に。青函トンネル通過シーンを展望席で楽しむ人の姿もあった。

「やや固めのベッドがいい。ファーストクラスを遥かに超える寝心地でした！」

向谷さん夫妻の「カシオペア」初体験は満足度の高い一夜となったようだ。

「静かで揺れが少ないのもいいですね。でもね、車内で『カシオペア、カシオペア』と耳にこそばゆいですけど」

と向谷さんが苦笑するとおり、向谷さんがキーボードを務めるバンド「カシオペア」と寝台特急「カシオペア」とは同じ名前。

「ローマ字の綴りは違う（バンドは「CASIOPEA」、列車は「CASSIOPEIA」）なんですけどね」

もちろんJRも承知していて、列車名の発表会見に前後して「同じ名前だけど」と親交のある役員から知らされていたという。そして、その縁で作曲されたのが「LUCKY STARS」。「カシオペア号」のテーマ曲である。

「五線紙上にカシオペア（星座）の〝W〟を描くように音符を列ねていったんです」

という軽快なメロディーのこの曲は、上野駅で催された「寝台特急カシオペアデビュー5周年アニバーサリーフェスタin上野」（04年7月16日）でも演奏された人気ナンバーのひとつだ。

「実際に乗ってみてどうですか？」

水を向けてみると、持参のノートパソコンを用いて曲を披露してくれた。音の出せる個室寝台は、音楽を着想するには優れたスタジオといえるかもしれない。

「左にみえますのが樽前山で…」

車掌による車窓案内が放送される。

向谷みどり夫人が撮った
カシオペアの旅の情景

「もともと旅が好きなんです。だから鉄道も」というみどり夫人。夫妻揃って過ごしたカシオペアの一夜について語っていただいた。

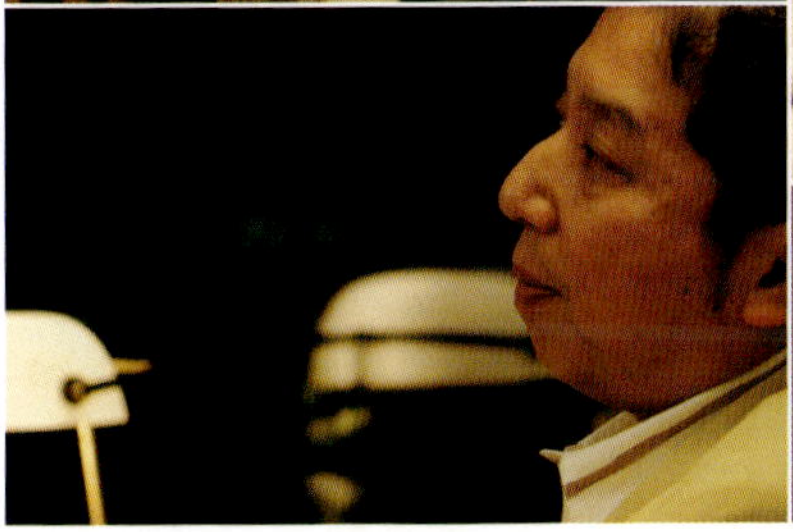

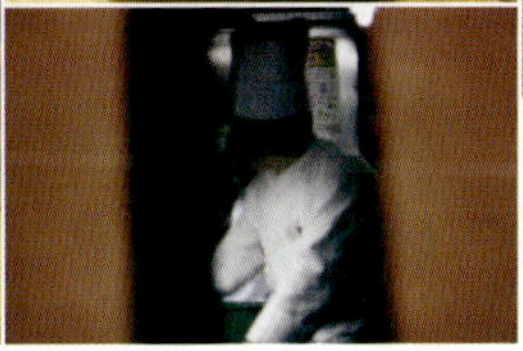

「幼いころから寝台列車に乗る機会が多く、いまでも主人とともに公私にわたって親しんでいます。カシオペアのレベルは間違いなくトップクラス。個室やラウンジカーなど車両デザインの斬新さだけでなく、乗っていて揺れや騒音が少ないなど乗り心地がより重視されている点が見事です。クルーの自然なサービスもすてきですね」

「観光案内もするんだねぇ。こういうのいいじゃないですか」

ささいなサービスかもしれないが、向谷さんは感心した様子だ。

「カシオペアはトータルにコーディネートされた旅だと思うんです。そんな一夜をなすがままに楽しむのがいいんじゃないでしょうか。もちろん、自分の人生の〝糧〟をどこに求めるかによって捉え方も違ってきます。心の豊かさ、個々の喜びを実感する。ポジティブなぜいたくさといえばいいでしょうか。そのためにあえて時間を捻出するんです。ただ、せめてもう一時間遅くするなどして、朝の時間に余裕が欲しいかもしれませんね」

北海道の大地を車窓に、向谷さんがカシオペアの印象を総括した。

新千歳をすぎると、カシオペアの旅もいよいよ終演が近い。アンコールが欲しくなるような楽しい旅は、やがて札幌の街に差し掛かり、北の都のターミナルへゆっくりとした足取りで進んでいった。

「快適なひとときが過ごせました！」札幌駅に降り立った向谷さんの笑顔が、カシオペアの旅を物語る。

レイルファン
向谷さんプロデュース、最新の運転シミュレーションゲーム『RAILFAN』(Play Station 3専用は、JR東日本・中央線、シカゴ交通網・ブラウンライン、京阪鉄道・京阪本線を収録。発売／音楽館・タイトー)

カシオペア　上野↔札幌

[ダイヤ]（下り）上野1620ー大宮1644ー宇都宮1750ー郡山1913福島1952ー仙台2059ー一ノ関2207ー盛岡2316ー函館428-0ー森515ー八雲542ー長万部607ー洞爺637ー伊達紋別650ー東室蘭711ー登別726ー苫小牧756ー南千歳816ー札幌854（東北本線、IGRいわて銀河鉄道、青い森鉄道、東北本線、津軽線、津軽海峡線、江差線、函館本線、室蘭本線、千歳線計10路線）

新世代の寝台列車を目指して上野ー札幌間に1999年7月にデビュー。専用に新製された2階建て客車からなり、ダイニングカーとラウンジカーのほかは2人用A個室寝台だけで構成された豪華寝台列車として人気を集める。なお、1編成のみのためほぼ隔日運転（上野発火・金・日曜、札幌発月・水・土曜）。

［上野ー札幌間　運賃・料金
カシオペアスイート:44460円〈7室〉
カシオペアデラックス:36150円〈1室〉
カシオペアツイン:32320円〈79室〉
カシオペアコンパート（2人分）:60830円〈1室〉（合算、1人あたり）］
＊2人用個室を1人で使う場合でも2名分の寝台特急料金が必要。
＊一部の個室では補助ベッドにより3人まで利用可。カシオペアスイート（13350円）、カシオペアデラックス、カシオペアツイン（9540円）。

 取材・文／植村誠　撮影／佐々倉実（鉄道写真どっとネット）　写真／真島満秀写真事務所、レイルマンフォトオフィス

カシオペア
編成図＆室内図

上野～札幌間を結ぶ豪華寝台列車「カシオペア」。約17時間もの旅を快適に過ごせるよう、各部屋は乗客に最高の居住空間を提供すべく整えられ、食堂、ラウンジなど、車内にはさまざまな設備が用意されている。「走るホテル」とも称される「カシオペア」のすべてをご紹介しよう。

写真◎真島満秀、松村映三、レイルマンフォトオフィス、本誌編集部

CASSIOPEIA

12号車（電源車を兼ねる）の半分のスペースはラウンジ室。東側の景色が見やすいようにソファーが配置されている。

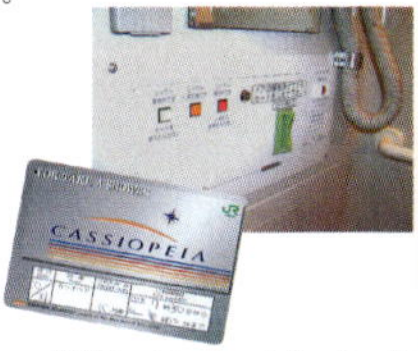

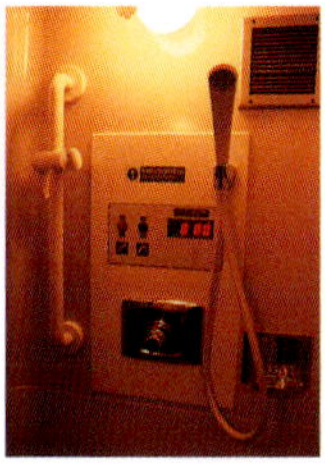

共用シャワールームは、カード（310円）を購入し30分の枠を予約。水は6分間だけ使用可。

アメニティ

全席A寝台個室となるカシオペアは、当然、調度品類も充実している。部屋着とスリッパ類は全室共通の備品。とくにスイートおよびデラックスルームには、シャンプーセットなどのアメニティバッグも用意されている。

全室に備えられたスリッパとシューポリッシャー。靴を脱ぐ機会が多いだけにうれしい品だ。

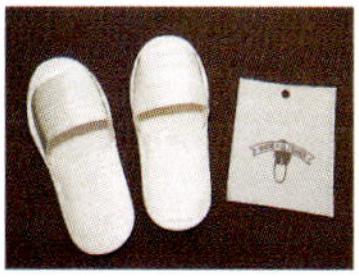

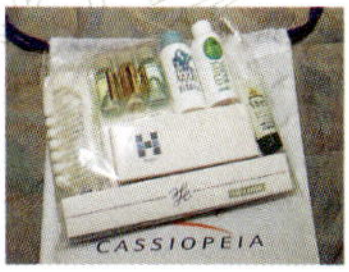

アメニティバッグの中身は、シャンプーセット、歯ブラシ、カミソリ、シャワーキャップなど。

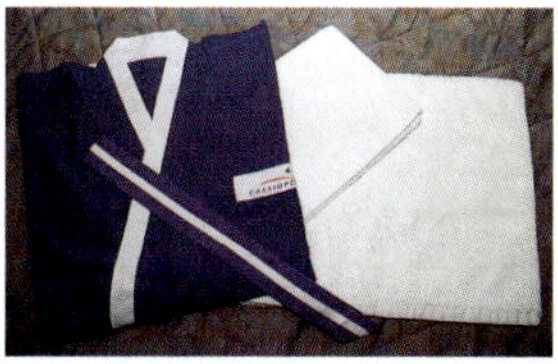

部屋着とフェイスタオルは全室に共通して置かれるが、スイートおよびデラックスルームにはバスタオルも配備。

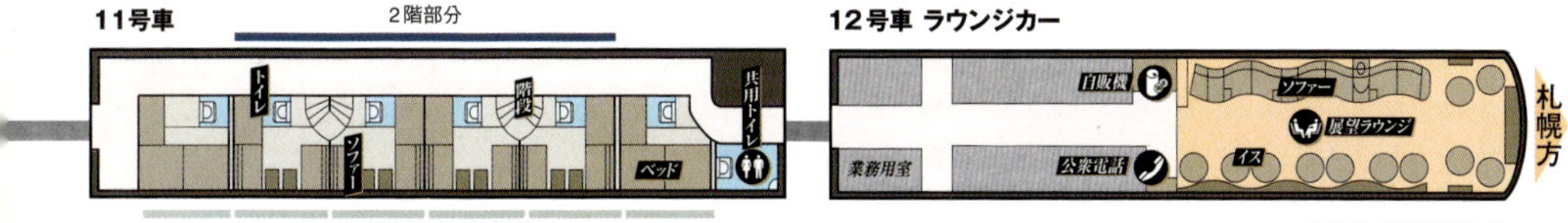

※青森～函館間逆編成

カシオペアツイン

4～11号車にある「カシオペアツイン」。座席の背を倒すと、進行方向に対し縦置きのベッドと横置きのベッドが出来、L字形に組み合わされる。1階、2階とも間取りは同じ。各室にトイレが付くが、シャワーは設置されていない。

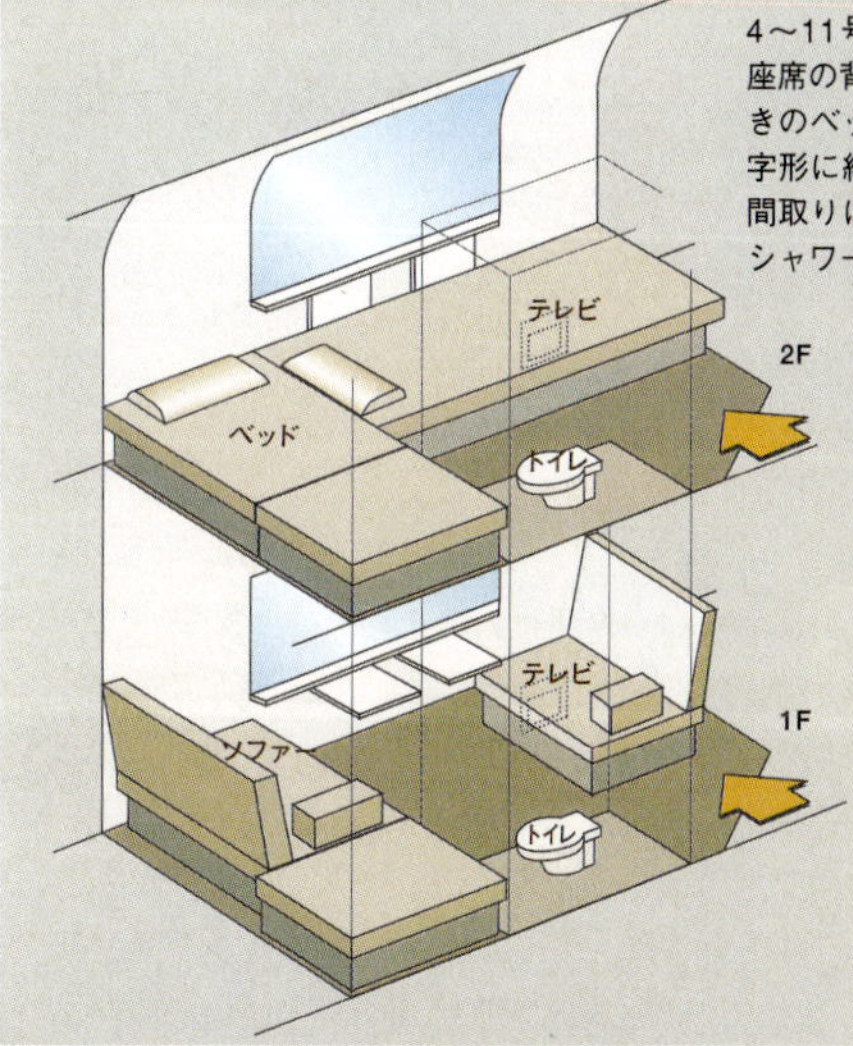

これは1階のカシオペアツイン。通路から階段を下り、ドアを開けて入室する。

カシオペアデラックス

カシオペアデラックスは客車乗降口から近く、内部は広々。階段がなく動きやすいシンプルな配置になっている。

2号車に1室だけ設置されている「カシオペアデラックス」は、1階にリビングとベッドが設置されたノンバリア客室。お年寄りの人でも使いやすい構造だ。車端部分にあるために天井が高く広い。ソファーベッドをあわせるとベッドは3つ、2～3人部屋として使用可能となる。スイート同様にシャワーも設置、アメニティーバッグも配置されている。

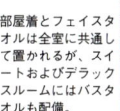

5、9号車に設置された4人掛けミニロビー。

各車両の通路両端部には部屋番号案内図が示される。

5、9、12号車に置かれた飲料の自動販売機。「はやて」開業記念青森産りんごジュース（130円）も。

車内に2基ある公衆電話はテレホンカード専用。全室が個室で、携帯電話を持つ人が多いので使用する人は非常に少ない。

12号車ラウンジカーの中央部自動ドアに示されたラウンジ室入口のマーク。

5号車

2階部分

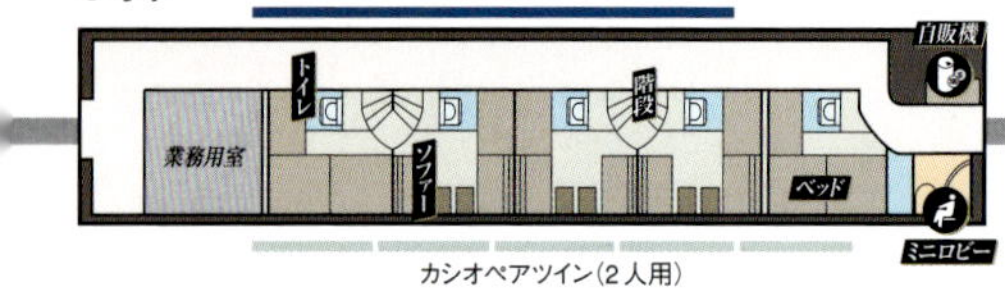

カシオペアツイン（2人用）

6号車

2階部分

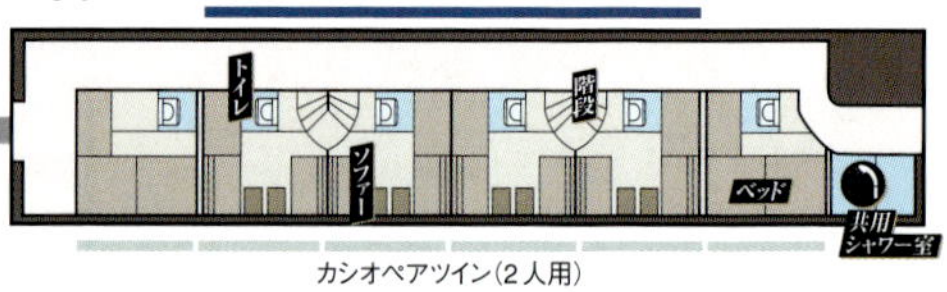

カシオペアツイン（2人用）

CASSIOPEIA

「カシオペア」は全部で12両編成。3号車がダイニングカーで、12号車がラウンジカーとなっている。

9号車

2階部分

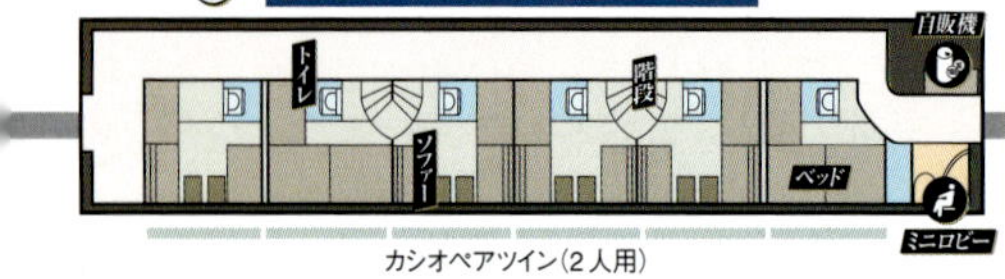

カシオペアツイン（2人用）

10号車

2階部分

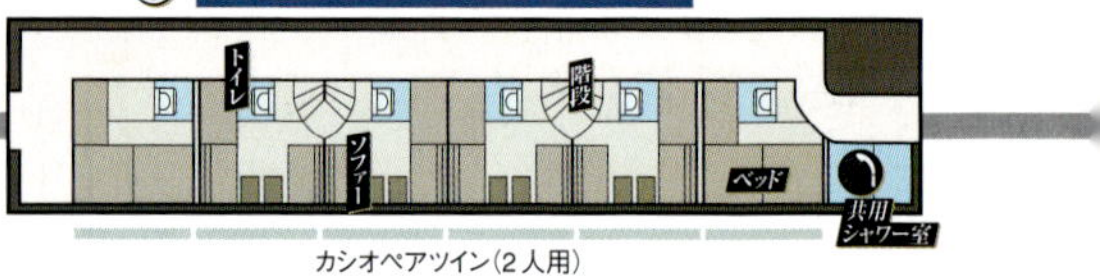

カシオペアツイン（2人用）

カシオペアスイート メゾネットタイプ

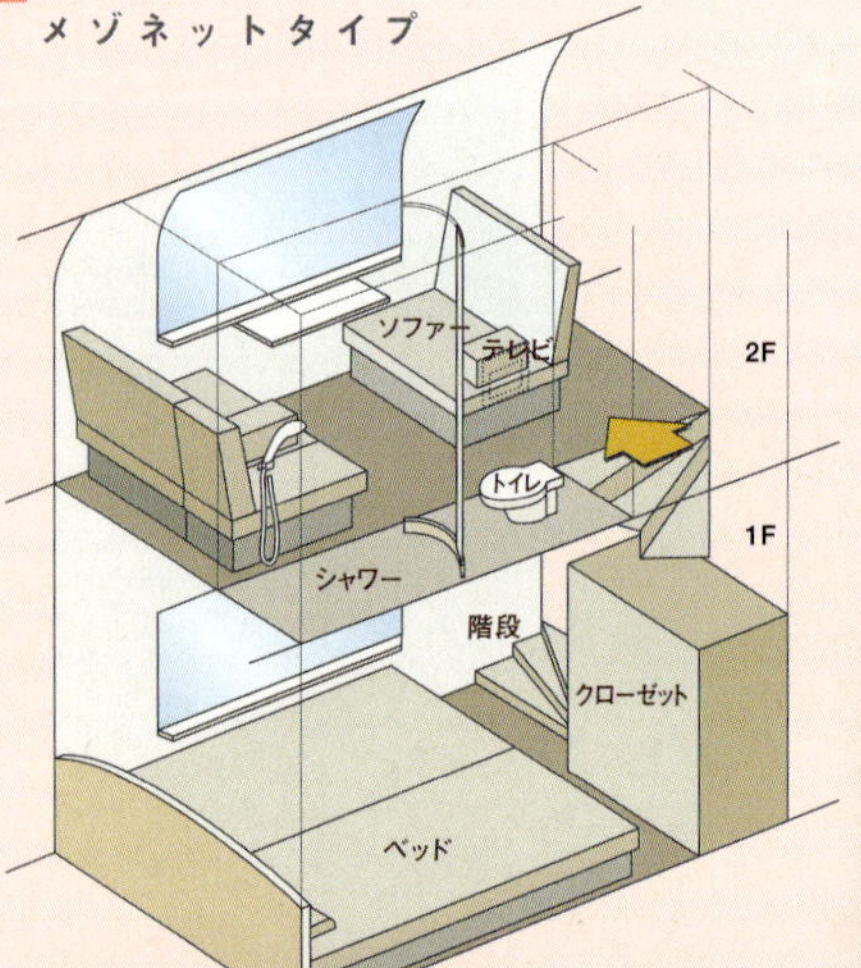

1、2号車の2～4番がメゾネットタイプの「スイート」。1階がツインベッドの寝室、2階が展望のよい居室。ソファーはエキストラベッドにもなる。トイレやシャワーは2階部に設置されている。函館～苫小牧では窓から海が楽しめる。

2階の居室、窓をはさんでソファーが並ぶ。眺望は見事だ。

TVモニターはソファーの壁面に設置。枕元にはエアコンなどの操作パネル。

1階はツインベッドの寝室。低い位置にあるので揺れは少ない。

入口ドアを開けて階段を上がるとソファーのある居室。

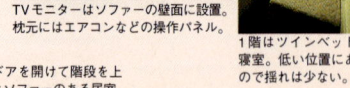

ダイニング以外に、ワインセットなどの販売も行う。

3号車2階のダイニングルームは、4人掛けテーブルが3、2人掛けテーブルが8で、合計28席。

車両模型やキーホルダー、時計などオリジナルグッズが売られている。

3号車 ダイニングカー（2階部分）

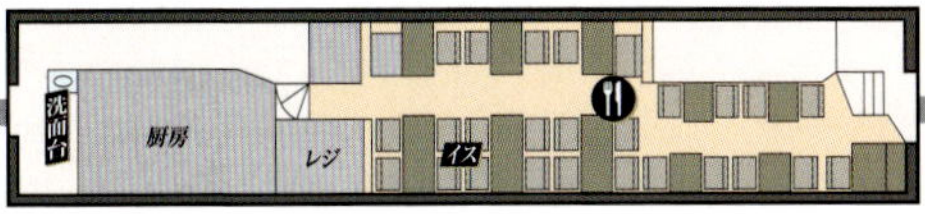

4号車

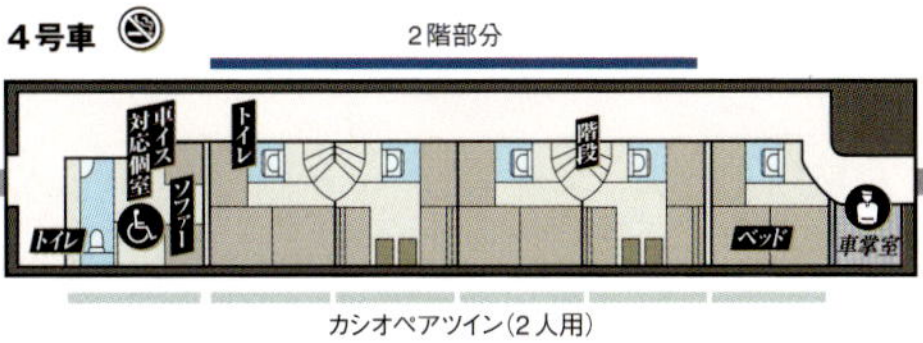

カシオペア 編成図＆室内図

7号車

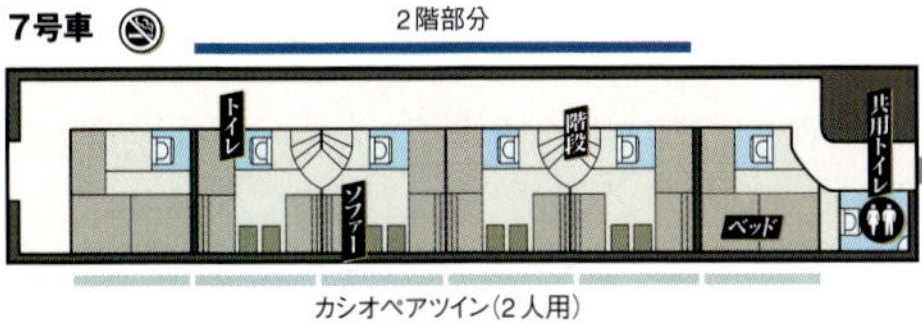

8号車

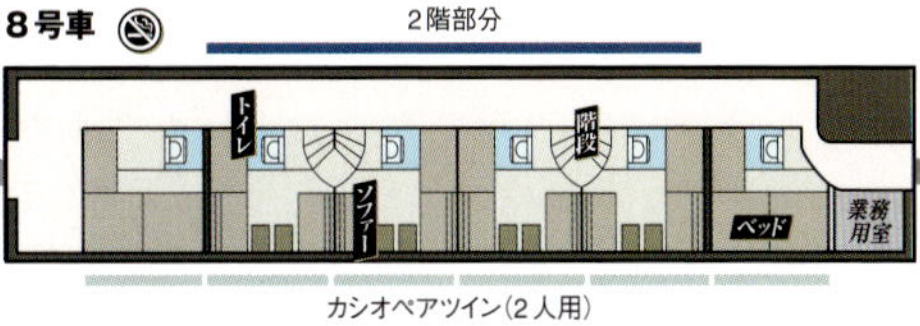

1号車1番スイート展望室。ソファーからは左右180度のパノラマが楽しめる。

ソファー前に設置された可倒式のテーブル。壁面から起こして使用する。

ベッドサイドには楕円形の鏡が設置されているが、引き戸になっていて収納すると窓になる。

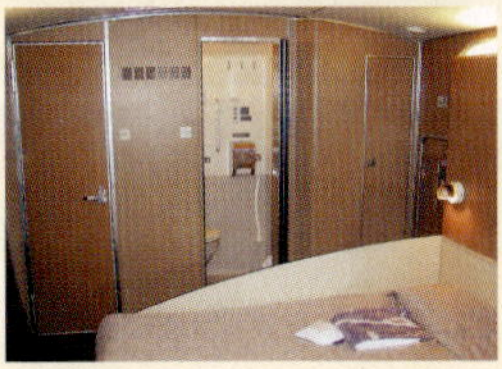

ソファー横から入口ドア（左）のある面を見る。中央はバスルームのドア。収納スペースはハンガー4本分のみ。

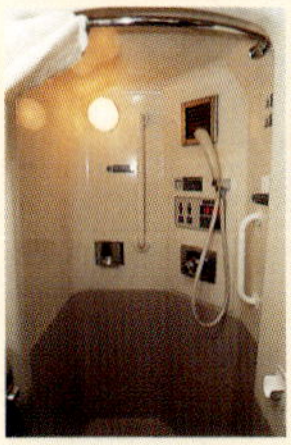

列車内で水は貴重なもの。シャワーは、全行程で合計18分間使用可能。

トイレの便座上には引き倒し式洗面台。鏡の裏には小物スペースも出現。

枕元の目覚し時計パネルでは、照明、エアコンなどが調整可能。下は非常ボタン。

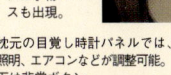

1号車1番スイート展望室の窓。カーテンが開いていれば、停車時はホームから室内が丸見えとなる。

客車の通路部分はほぼ共通の仕様。札幌方向を見て車両の左サイド（西側）にある。

3号車は、厨房とダイニングルームを併せ持つ2階建て車両「マシE26形食堂車」。

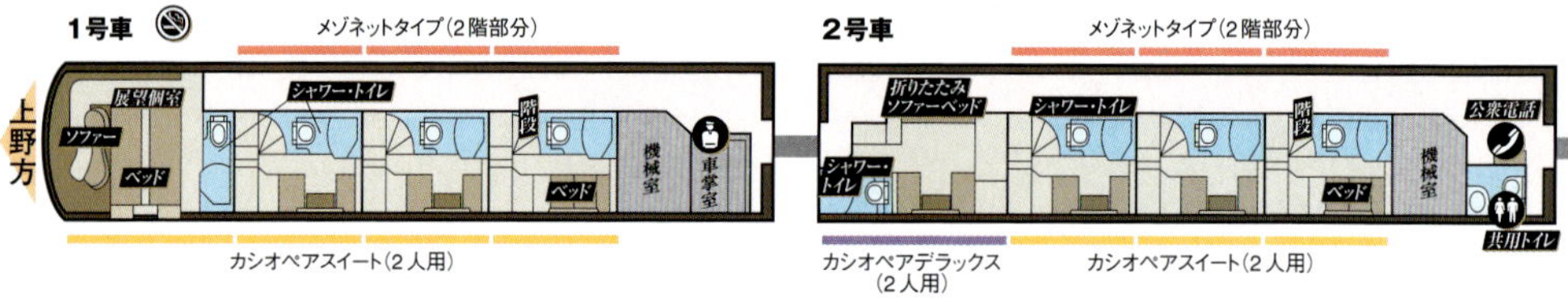

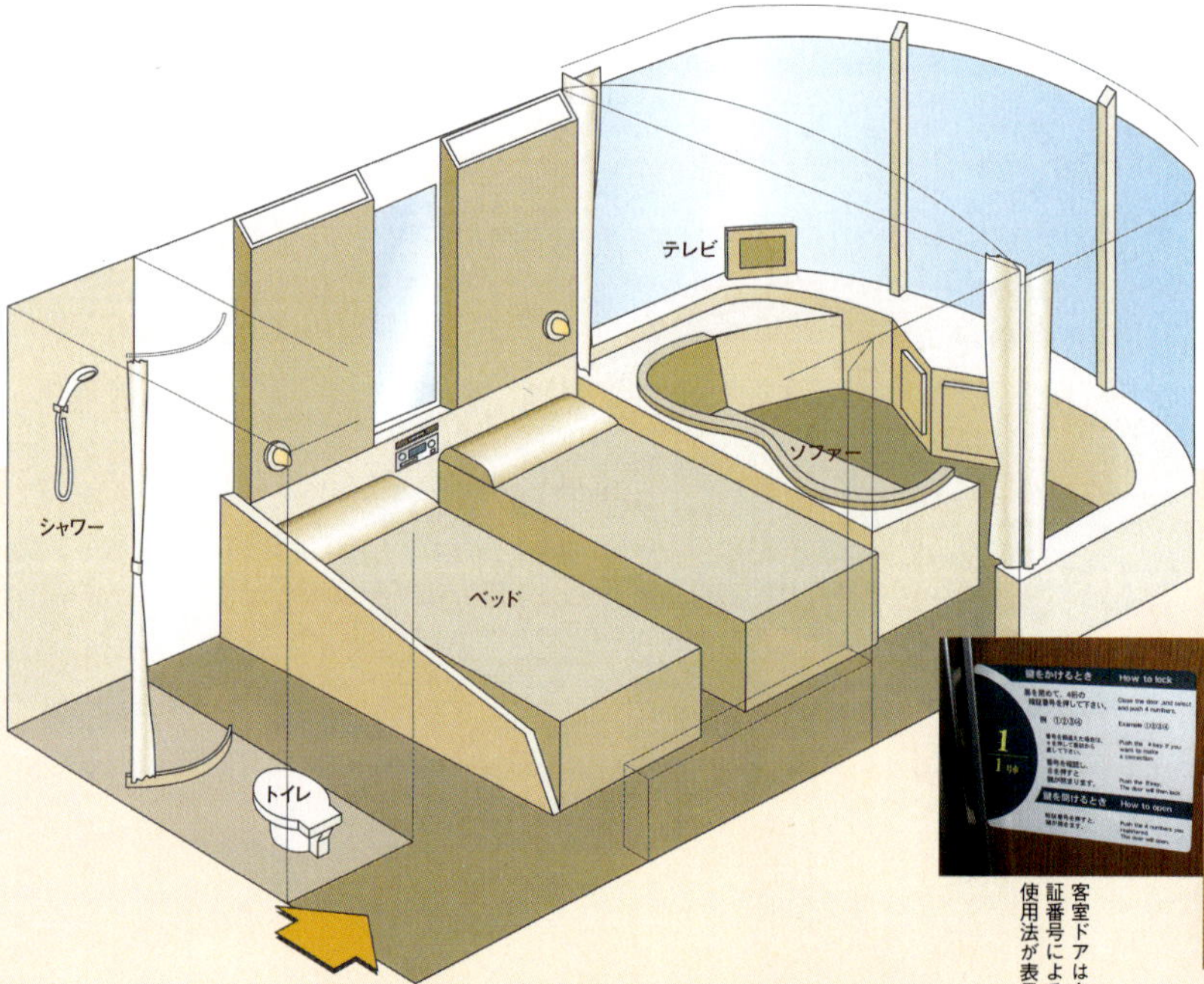

部屋を離れる際、4ケタの暗証番号を押すとロック。再度、同番号を押すと解錠。

客室ドアはキーがなく、暗証番号による施錠式。その使用法が表示される。

カシオペアスイート展望室

「カシオペア」のシンボルとなっている1号車1番。「スイート」の中でこの部屋だけ平屋構造。左右180度を見渡せる車端の展望室だ。下り（札幌行き）は青函トンネル前後の区間（深夜の約2時間半）を除いて列車の最後尾となる。ここでは逆に進行するため展望室前に機関車が連結。ソファーから見る景色は格別だ。

寝台特急「カシオペア」は、
豪華で特別な旅を演出している

1999年7月の運転開始以来、
車両はオール2階建て
客室はオールA寝台2人用個室という
かつてなかった
豪華な編成が話題を呼び
今日まで多くの乗客に
特別な旅を演出してきた。

とくにダイニングカーは、
眺望の良い2階席のみが用意されている。
窓の外に流れゆく
景色を楽しみながら
ゆったりと食事を味わうことができる。

たいせつな記念日に。
たいせつな人と。

「カシオペア」で、
北の大地・北海道へと向かい
思い出に残る優雅な夜を、
過ごしてほしい

ホテル並の空間でゆったり寛ぐ！

展望の美しさと豪華なしつらえ、細やかなサービスから「走る豪華ホテル称される豪華個室寝台列車・トワイライその車中を舞台にいくつもの小説が誕生劇や映画の題材にも多く使われてきた。今回は脚本家・ジェームス三木さんが乗車その魅力を心ゆくまで味わった。

大阪駅に滑るように入ってきたトワイライトエクスプレス。ホームでは、食堂車のスタッフが整列して一礼する。さぁ走る豪華ホテルにチェックインしよう。

ジェームス三木さんが乗る

トワイライトエクスプレスで北の大地へ

TWILIGHT EXPRESS

大阪午後12時。美しい深緑の寝台列車に乗って、全長1500kmの贅沢な旅の時間が始まる

ジェームス　三木
昭和10年、旧満州奉天市生まれ。20歳でデビューを果たし13年間、歌手生活を送る。33歳でシナリオコンクール入選。野村芳太郎監督に師事、脚本家となり「澪つくし」「独眼竜政宗」など多くのTVドラマ、映画を手がける。現在は舞台の脚本・演出を中心に活躍。5月には「春琴抄」公演で上海、モスクワに渡航予定。

(上) 最後尾1号車1番のスイートルームからは、後方の展望を独占できる。一番人気のある個室だ。(中段・右) ジェームスさん愛用の帽子は旅に欠かせないアイテム。(下) 発車後、車掌が検札をかねて個室をまわる。

日常の喧噪から逃れ、北を目指す 夢のような1泊2日の旅が始まる

3月某日の大阪駅。10番ホームにだけ違った空気が流れていた。ひとめで旅人とわかる風貌の人たちが心待ちの様子で線路を見つめていた。そこに帽子を目深にかぶり、ジェームス三木さんが登場。トワイライトエクスプレスに乗車するため今朝、新幹線で大阪入りしたという。

「東京にはカシオペアがあるけれど、トワイライトエクスプレスは日本一長い寝台列車。楽しみです。新幹線の停車駅・京都や新大阪からも乗り込めるけれど、やはり始発駅から乗らなきゃ、ね」

深緑の車両がホームに滑り込むと、記念撮影をする人、全貌を見ようとホームを端から端まで歩く人まで様々。乗客は一様に高揚した表情で瞳を輝かせている。

「ほぉ。美しいねぇ」

ジェームスさんは声を弾ませて乗車。「走る豪華ホテル」の一夜の客となった。

客室に荷物を置き、一息ついたところで、電車が静かに動き始めた。時計の針はぴったり正午。旅情をかきたてる名曲「いい日旅立ち」が車中に流れた。

幼い頃、生誕の地・満州で朝夕、近所を走るアジア号を眺めるのを日課にしていた。最初の夜行列車経験は、帰国時に乗った引き揚げ列車だった。

「300%ほどの乗車率でね、両親と弟と乗り込んだものの、トイレにまで人がいて私は網棚で寝ました。瓦礫の中をひたすら走り、暗闇を突き進んだ印象です」

そして数えきれないほど、寝台列車に乗ったという青春時代。

「売れない歌手を長くやってたね。全国を巡業する日々だったから、旅は日常だった。いや、あれは旅ではなく単なる出発地と目的地を結ぶ移動だった。旅というのは、日常を離れて非日常な空間と時間を味わうもの。そういう意味では今回が初めての寝台列車の旅といえるのかも」

サロンカーの窓辺でひとり、くつろぐジェームスさん。北陸に近づくにつれ、遠くの峰の残雪が白さを増す。

「夕日を見つめるなんて何年ぶりだろう」。夕刻のサロンカーは、大勢の乗客が集い、華やかな社交場になる。

信越本線・鯨波～青梅川間。コバルト色の日本海に映える、トワイライトエクスプレスの深緑のボディ。

EXPRESS

朝もやの中、北の大地をひた走る。と、みるみるうちに夜が明けてきて、内浦湾(通称噴火湾)に黄金色の太陽が昇り始める。

つぎつぎと移り変わる景色に身を任せていると五感が開放されていくのがわかる

TWILIGHT

時の流れや風土の違いを五感で受け止めるのが旅

天井まで広がる大きな車窓からの眺めを楽しめるサロンカーのソファーに腰かけて、流れる景色を楽しむひととき。

「この速度がいいね。景色がちゃんと見える。早すぎると何も見えないからね。しかも民家のそばを走り抜けるから、地方の日常も垣間見られて楽しいね」

キラキラと輝く琵琶湖やうっすらと雪をかぶった立山連峰など、みどころに差し掛かると絶妙のタイミングで車掌の案内アナウンスが車内に流れる。その都度、ジェームスさんは感慨深く見入っている。

夕日の時間は季節によって異なる。この日は、富山から直江津までトンネルが六つ続く辺りで、その時を迎えた。長いトンネルを抜けるたび、太陽の位置は低くなり、春霞の中、いつしか消えていった。サロンカーのあちこちでカメラに納めようとする人が多いなか、ジェームスさんはただじっと見つめるだけ。

「旅にはカメラは持たない。撮ることが義務になって、目で見なくなるでしょ」

というのがジェームスさんの信条だ。

日本には四季があり、同じ早春でも土地により気候が違う。それを体感することも、寝台列車の旅の醍醐味なのだ。

「今の日本は、視聴覚文化が発達し過ぎていると思う。人間には五感があるのに、味覚や匂い、手触りという感覚が疎かになっている。命の営みにとって大切な食と性には、五感が重要。そして旅も同じく、五感で楽しむものだと思う。旅をした＝五感を使ったということなんだよ」

(上右)SF映画のワンシーンのような青函トンネル内。30分以上海底を走り抜けると、そこはもう北海道だった。(上左)藍色に空が染まる夜明け前。内浦湾沿いに、北海道のゆるやかなボディラインをなぞるように走るトワイライトエクスプレス。(下右)まるで湖のように穏やかな内浦湾。その波間、キラキラと朝日が照り返す。(下左)函館本線・東山〜姫川間には牧場が多い。白樺の木々の間、競争馬がのんびり草を噛む姿が見られる。

海へ、山へ、草原へ
トワイライトエクスプレスのとっておきの春景色に出会う！

日本有数の米の産地、滋賀。湖西線・小野～和邇間では、田植えを終えたばかりの青田が目に鮮やかだ。

室蘭本線・有珠～長和間。のどかな春の風景に深緑の車体がすっかり溶け込んで、まるで一枚の絵のよう。

チューリップ王国・富山。北陸本線・東滑川〜魚津間では、赤白黄色…車窓に鮮やかな花畑は広がる。

どこか懐かしく心ときめく
日本の春が車窓に広がる

あたたかなもてなしと心配りが旬の食材を使ったディナーをひきたてる

TWILIGHT EXPRESS

華やかな食堂車でのディナーは寝台列車の旅のメインイベント

時刻は19時半。ディナーの予約時間だ。

「食堂車でのディナーは何年ぶりだろう」

そうつぶやいて、ゆっくり腰をあげた。

3号車に位置する食堂車・ダイナープレヤデス。内装はオリエント急行をモデルとし、ロココ調に統一されている。ディナータイムは17時半からと19時半からの二構成。夕日を眺めながら食事を楽しむことができるのは1回目のディナーだが、群青色の夜の帳に包まれた2回目のディナーは、それはそれでムーディだ。

ジェームスさんが予約したのはフレンチのフルコースディナー。レストラン同様、アミューズから一皿ずつ用意される。

外はもうすっかり夕闇。人気のない小さなプラットホームに停車した。

「ここはどこだろう？　新津駅？　新潟かぁ。遠くまで来ちゃったね。東京を通らないのがいいなぁ」

そこにオーダーしたグラスワインが運ばれてきて、車内が左右に大きく揺れた。ところが、スタッフは一滴もこぼすことなく、見事な手際でテーブルに置いた。

「乗り物で飲むと、いつもよりも酔いがまわるから、気をつけなきゃね」

と微笑み、グラスを手にするジェームスさん。その後も食堂車は常に小刻みに揺れ続けているが、スタッフは少しも動ずることなくサービスに勤しんでいる。

「和歌山産のウスイエンドウを使ったスープです。上に生クリームがのっていますので、混ぜてお召し上がりください」

「デザートの有機バナナはペルー産。砂糖をまぶして焼いてカラメリゼにして、上質のコニャックで香りをつけました」

料理にはスタッフの丁寧な説明がつく。グラスの水は飲みやすいイタリアの軟水、よく磨かれた銀のカトラリー、料理にあわせて種類が変わるパンのサービス…。

ジェームスさんが、キビキビと仕事をこなす男性を呼びとめた。その黒木マネージャーによると、食堂車のスタッフの大

ガラス扉の向こう、極上レストラン「ダイナープレヤデス」が。

心に残る旅を提供したい。その想いから常にワンランク上のサービスを心掛ける、食堂車のスタッフたち。

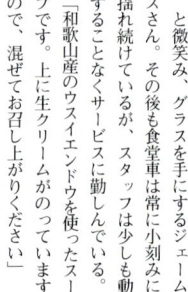

食堂車の品格あるスマートなサービスに大満足のジェームスさん。黒木マネージャーにその想いを伝える。

ロゴ入り食器に銀のカトラリー、クラウン型に折られたナプキン…。華やいだ気持ちで12,000円のコースディナーを堪能。

本日のディナー（春メニュー）

蛤とハーブのジュレ
温製ホワイトアスパラガス
オランデーズとマッシュルームのソース
ウスイエンドウのサン・ジェルマン
鯛のポワレ
トマトとエシャロットの
マルムラードと赤ワインのソース
特製黒毛和牛のステーキ
有機人参のピューレとポワロージューヌ添え
カラメリゼしたバナナと
ブラックベリーのブランデー風味
コーヒーまたは紅茶

おいしいと評判のパンは、ホテルグランヴィア大阪で製造。ほどよく温めて、料理にあわせて3種類を給仕。

日本各地の旬の味、身体に優しい有機栽培の野菜など、素材にこだわったフルコース。メニューは年に4回、変わる。

半はホテルやレストラン経験者。JRフードサービスから引き抜きを受けて、この職場に就いたのだという。

「道理で動作がスマートで、笑顔がいいんだね。料理もおいしいわけだ」

ジェームスさんは心底から納得の様子。香り豊かな一杯のコーヒーをゆっくり飲み干し、華やかな晩餐を締めくくった。

帰り際に厨房をのぞいてみる。安全面から、調理はすべて電磁器具を使用している。4名のコックが縦長の狭い空間で、仕事をうまく分担しながら効率よく動いているのがわかった。

「脚本家という仕事も客商売だから、同業者であるサービス業の人の仕事ぶりが気になるんです。車掌をはじめ、この列車のスタッフ陣には感心するばかり」

食後、23時までパブ仕様になるサロンカーでウイスキー片手にしばしまどろみ、

「じゃあ明日、また」

とジェームスさんは部屋へ向かった。普段は朝刊が届く頃に布団に入る生活だそうだが、今宵は心地よい列車の揺れがどうやら穏やかな眠りを誘ったようだ。

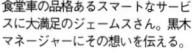

旅人の期待を裏切らない トワイライトエクスプレスの全個室ガイド

華麗なホテルライフは乗客たちの羨望の的

スイートルーム（1、2号車）

スイートルームは1号車の最終尾と2号車の中央にそれぞれ1室ずつ。広い部屋はツインベッドスペースとソファースペース、専用シャワーとトイレで構成されている。ウェルカムドリンクやモーニングコーヒーなど、特別なサービスも嬉しい。特に三方向の眺望が楽しめる1号車のチケットは入手困難なプラチナチケット。

憧れの書斎のような居心地のよさが人気

ロイヤルルーム

窓越しのテーブルで、景色を見ながら読書をしたり手紙を書いたり…まさに動く書斎。シャワー＆トイレも完備。スイート同様、飲物サービスも有。基本1室1名だがソファーがセミダブルベッドになり2名利用も可。

目的や予算に応じてしっかり対応

Bコンパート&B個室（シングル、ツイン）

たとえ部屋が狭くても、プライバシーを守りたいならB個室。こぢんまりしているが、夜はソファーが寝台に変わり、機能性抜群。コンパートは4人1室の相部屋スタイル。格安で楽しく旅がしたい4人組に、おすすめ。

RESS

トワイライトエクスプレスは心地よくセクシーな揺りかご

夜中の3時過ぎ。大半の乗客が夢をみている頃、車掌の予告どおり青函トンネルに差しかかった。海面下240mに掘られた全長53・85Kmのトンネルを走るのだが、海中という感覚はなく、コンクリート壁の筒が果てしなく続いているだけ。車体が風を切る音と海底駅のホームの灯に、SF映画のような印象を受ける。「いつの間にか、青函トンネルを通過していたんだね」

すがすがしい表情で、サロンカーに現れたジェームスさん。

「熟睡したよ。揺れるっていいね。ガタンガタンという音にも催眠効果があって、昨日は11時過ぎには夢のなかだった。普段、ずっと揺れているなんてこと、ないでしょ。揺りかごの揺れのように優しくて、律動感があって。トワイライトエクスプレスって、非常にセクシーだね」

そう言って目をやった車窓には、朝日にきらめく内浦湾が広がっている。

「昨夜は、東北の沿岸のゆるやかなライ

21時間の寝台列車の旅ももうすぐ終わり。時代を越えた旅の魅力を再確認する

すれ違うのが大変な廊下、知らない者同士が顔を合わせるサロンカー。まさに物語がうまれる列車である。

新鮮な野菜サラダにサクサクのクロワッサン、果物…朝の優しい光に包まれた食堂車でヘルシーな朝食を。

乗客の夢と憧れをのせて。大阪と札幌をつなぐ、9両編成の走る豪華ホテル。いよいよチェックアウトの時。

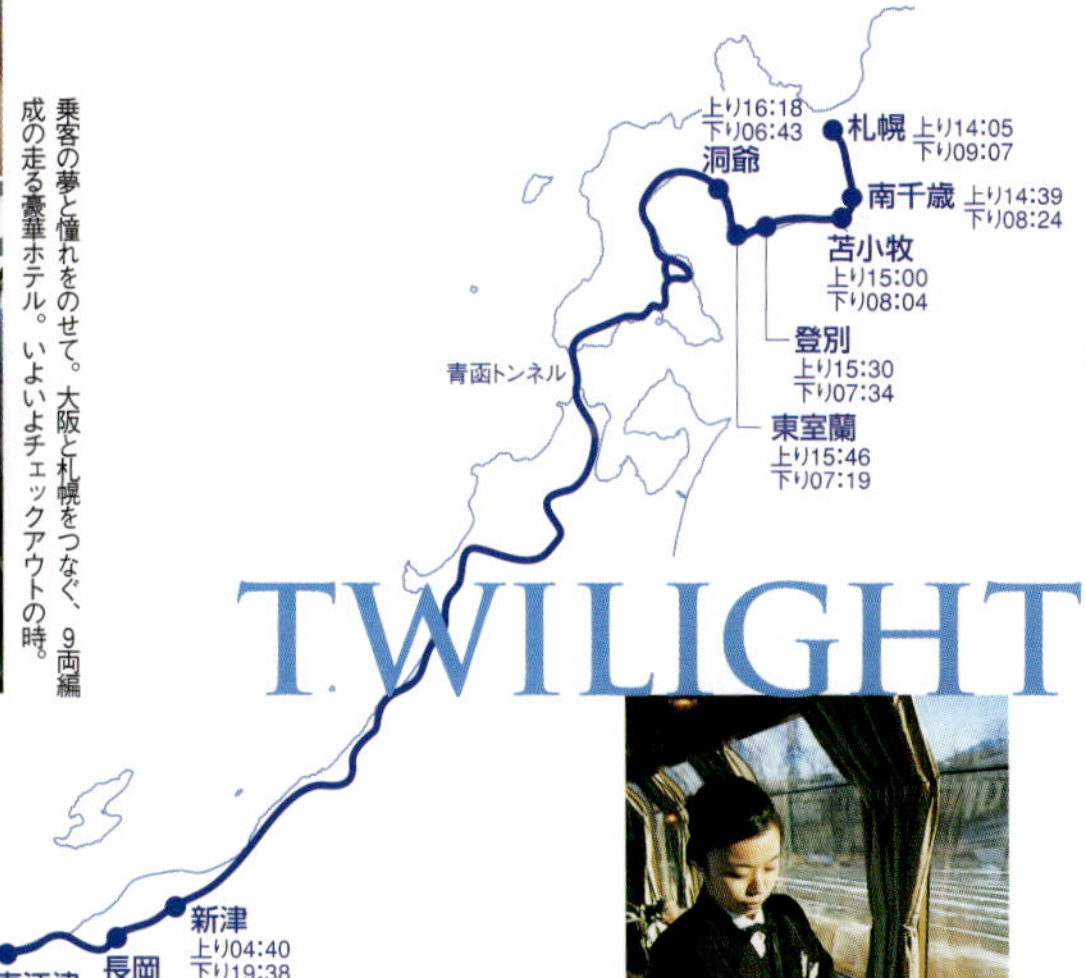

トワイライトエクスプレス［大阪ー札幌］
運賃・寝台・特急料金（合算。1人あたり）／A個室スイート：44810円
A個室ロイヤル：36500円　B個室2人用ツイン：27480円
B個室シングルツイン：28490円　B個室コンパート：25620円
食事／ディナー（要予約）／フランス料理コース12000円
日本海会席御膳6000円　朝食（和・洋）／1575円　ランチメニューあり

北海道の最初の停車駅である洞爺駅で積み込まれた朝刊を、販売して歩くスタッフ。あちらこちらの客室から「1部ちょうだい」と声がかかり、笑顔で朝の挨拶を交わす。

ンをなぞって走っていたよね。そして今は北海道の尾っぽの辺りを走っている。テレビの旅番組を見たり、インターネットで調べても、この距離感や乗り心地は伝わらないよね。実際に一昼夜乗ってこそ、初めて体感できるものだね」

　数年に一度、噴火を繰り返して形を変える有珠山、競走馬がのんびりと過ごす牧場…ここからは北の大地は次々と違った表情をみせてくれる。

「親戚に鈍行列車が好きな叔父がいてね。飛行機や新幹線に乗らず、どこに行くにも鈍行。景色がよく見えて長く楽しめるという思いに、今となっては共感できる。文明の進歩で便利になりスピーディになり、それを我々はイイコトとして捉えがちだけど、実は損しているかもしれない。失ったものも多いかもしれない」

　そのうち窓の外にはらはらと雪が舞いだした。札幌駅のホームに滑り込んだ時にはうっすら雪化粧をし、まさにジェームスさんの「セクシー」という表現がふさわしいトワイライトエクスプレス。

「実は昨夜、推理小説の一コマがひらめいたんだよ。寝台の二段ベッドに死体がゴロリと寝ていた、なんて始まりのね」

　もしや近々、ジェームスさんの新作サスペンスが読めるのではと思いきや、

「旅の途中では、書き留めたりしない主義でね。家に帰って忘れているような内容なら、たいした話じゃないってこと。さて、どうなるかな」

　そう微笑んで踵を返し、ゆったりと改札口に向かって歩いていった。

 取材・文／中島美加　撮影／貝原弘次　写真／真島満秀写真事務所、佐々倉実（鉄道写真どっとネット）

トラベルミステリーの大家が列車旅の㊙愉しみ方を初公開

「旅には夜汽車がいちばんいい」
幼少のころから鉄道に親しみ、列車の旅を愛してきた作家・西村京太郎さんが、トワイライトエクスプレスに乗って北の大地へと旅立った。
大阪—札幌間1495・7キロ
日本海に沿って北上する
豪華寝台特急の一夜がはじまる。

夢の1号車1号室（展望スイート）でくつろぐ西村夫妻。氏の作品の中で大事件の舞台となった場所である。

西村京太郎が乗る
トワイライトエクスプレス
スイート展望車の旅

TWILIGHT EXPRESS

にしむら・きょうたろう

推理作家。多彩な分野に及ぶ作品はすでに400を超える。とりわけ「トラベルミステリー」と呼ばれる作品群で知られ、鉄道を舞台にした作品を中心に巧みな物語を生み出している。十津川警部シリーズでは亀井刑事とともに全国を舞台に次々と難事件を解決。読み応えのある作品が幅広い読者の支持を得る。1930年9月6日生まれ。

大阪駅への入線は11時27分。最長距離列車にふさわしい余裕を持った旅立ちだ。スター列車の登場に、カメラを向ける人の姿も。

大阪発12時。札幌まで21時間余 1500キロの最高に贅沢な旅へ

濃緑の車両の扉をくぐる。これから21時間余をかけて札幌まで過ごす空間が、そこには待っている。旅への期待は最高潮を迎えた。

「札幌」の文字が旅情をかきたてる。「トワイライトエクスプレス」の大阪発時刻は、1989年の登場以来不変。

大阪駅10番線――。

冬の北国に向かう夜行列車のドアをくぐったのは、作家の西村京太郎夫妻だ。

「トワイライトエクスプレス」札幌ゆき。西村夫妻が腰を落ち着かせたのは、最後尾に設けられている2人用A個室寝台スイート。ダブルベッドの備えられた展望タイプの個室で、1495・7キロに及ぶ旅路を走り去る車窓とともに楽しめるただ1室のプレミアムルームである。

「10年ぶりぐらいでしょうか。ビデオモニタが大きくなったし、室内装飾が以前よりも洗練されたようにみえますね」

正午ちょうど。発車合図とともに、列車は大阪の街から静かに離れていく。

「若いころから夜行列車が大好きでね、アテもなしに夜汽車に乗ったものです。十和田湖や山陰の海岸などへ、夜行どいってももっぱら〝どん行〟でしたが」

西村さんといえば「トラベルミステリー」。その嚆矢となった『寝台特急殺人事件』では、夜汽車を舞台に事件を目論む犯人との戦いを描いた。『豪華特急トワイライト殺人事件』では、走り続ける列車のなかで、姿を現わさない冷酷な犯人との駆け引きがスリルを誘った。しか

A個室には食堂車からウェルカムドリンクがサービスされる。こうしたもてなしも「トワイライト」の価値を支えている。

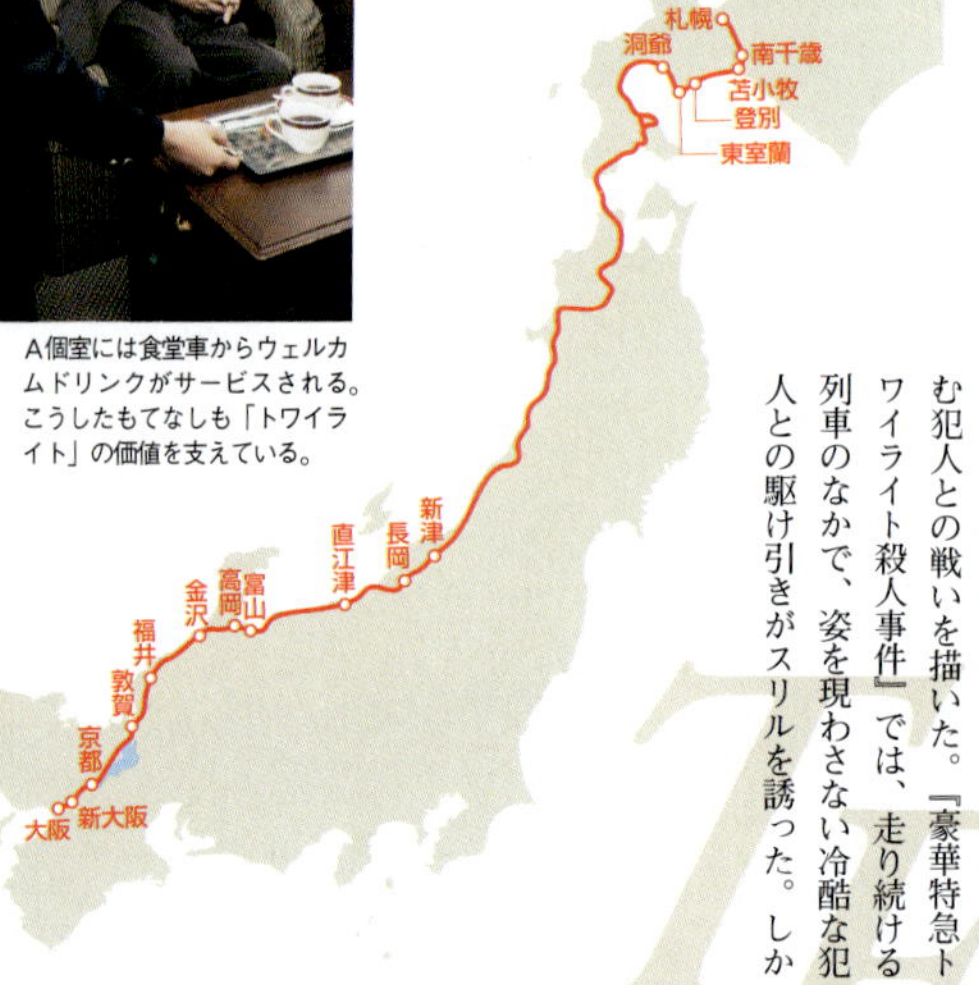

し、殺伐とした事件を描きつつも、西村作品にはどこか情感が伴う。その源泉が、語り口のなかににじみでるようだ。

「21時間7分の旅ですか。終着駅は彼方。今夜は存分にくつろぎますよ」

　琵琶湖西岸を走り抜けた列車は、北陸路にシーンを進めた。

「ただいま右に窺えますのが白山でございます」

　ときおり、車窓ポイントの紹介が放送される。日本海の眺めをテーマとした列車だが、立山連峰をはじめとする山岳風景にも見どころが少なくない。

「簡潔さがいいです。以前、〝見事な眺めにみなさん目をみはります〟のような案内に辟易としたことがあったけれど、紋切り型の説明ならいらない。この列車の案内は気持ちよく聞けます。車内放送を覚えて小説に使うこともありますよ」

　富山県に入ると、主役は立山になる。雪の稜線を染める夕陽の照り返しが、車内をきらびやかに飾り立てた。

　魚津付近からは日本海が左の車窓に見え隠れしてくる。山岳が海岸に迫り出す厳しい地形をトンネルで抜けると小さな港町が現れ、ときに海岸線を目前にして列車がひた走る。

「夜行の眺めというのがあります。こうしてところどころに過ぎてゆく街灯りとかね。そういうのをただボーっとみつめているのが好きなんですよ」

　心地よい振動を伴った暖かな車内から見知らぬ家々の灯りを追う。夜を迎えた「トワイライトエクスプレス」の道往きは、人恋しさを噛み締める旅でもある。

北陸本線沿いの山岳風景も「トワイライト」の旅の楽しみ。天候に恵まれたこの日は、雪の稜線があざやかに赤く染まってみえた。

トワイライトタイムをサロンカーで過ごす。室内のインテリアが、たそがれどきの車窓に溶け込み、映える。

雪の北陸本線を駆ける「トワイライトエクスプレス」。ボディーカラーの濃緑は日本海を、黄色の帯はたそがれを表現している。

ディナータイムは夜のクライマックス
夜を徹して、列車は北の都を目指す

ステンドグラスやロマンシェードカーテンが配された食堂車「ダイナープレヤデス」。ディナーへの期待が高まる。

EXPRESS

列車が日本海と出会ったころ、食堂車「ダイナープレヤデス」ではディナータイムがはじまった。夕食は予約制で、フランス料理のフルコースが味わえる。

「食堂車は大好きです。むかしは大半の夜行列車にあったので、よく足を運んだものです」

席につく西村さんに笑みがこぼれる。

「食堂車が、この〈トワイライト〉と〈北斗星〉、〈カシオペア〉だけになってしま

ご夫妻水入らずで乾杯。アルコール類の品揃えも豊富だ。ディナータイム終了後はパブタイムとなり、予約なしで利用できる。

❶「アミューズ・グール（カリフラワーのムース　フルーツトマトのクーリ添え）」❷「帆立貝とフォアグラのキャベツ包み トリュフのソース」❸「マッシュルームのスープ カプチーノ仕立て」❹「アンコウのロースト 椎茸とほうれん草添え シェリービネガーのソース」❺「黒毛和牛のローストと赤ワイン煮込みの二種盛り合わせ」❻「フレッシュフランボワーズのミルフィーユ仕立て」料理内容は2カ月ごとに変更。

北海道の冬は厳しい。厳寒の鉄路を「トワイライトエクスプレス」が駆けてゆく。早暁の大地。乗客たちはまだ夢のなかだろうか。

(上)青函トンネルは3時10分〜50分ごろに通過。途中、2カ所ある海底駅の灯が、光の束となってサロンカーの窓辺を通り過ぎていった。
(下)夜明けの遅い冬、内浦湾の彼方から新たな1日が列車に運ばれてきた。夜行列車で迎える朝はやはりロマンチックだ。

朝食は前日に食堂車スタッフが予約を受け、時間を指定して和食と洋食(1575円)から選ぶ。刻々と移りゆく車窓に朝の会話も弾む。

ジェットなら2時間ほどの距離を、ほぼまる1日をかけて札幌駅に着いた。「夜行列車の旅は、やはりすばらしい」と西村さん。

TWILIGHT

ったのは寂しいですよ。列車のなかで温かな料理を味わえるというのは素晴らしいことだと思うのですが」

ご夫人の好みで選ばれたおたるワイン・ロゼで軽く口を湿らせ、ひとつひとつ訪れる料理との出会いを楽しむ。

料理は前菜のアミューズ・グールにはじまり、帆立貝とフォワグラのキャベツ包みトリュフのソース、マッシュルームのスープ・カプチーノ仕立てへと続く。いずれも手の込んだ仕上がりである。

「おいしいでしょう?」

「うん」

ご夫妻の簡潔な対話は、味わっている満足げな表情を補足したにすぎない。

列車は新津を最後に本州側での乗降が終わり、夜の深みに向かって走ってゆく。途中、青森信号場から津軽海峡線に針路をとった列車は、深夜3時台に青函トンネルを通過。乗客の夢とともに雪の大地へと歩みを進めていった。

「みなさまおはようございます」

6時すぎ、洞爺到着を前にして「トワイライト」の朝がはじまった。

「ぐっすりと眠れましたよ」

スイートでは、ソファーに身体をあずけて早暁の内浦湾を眺める西村夫妻の姿があった。ふだん、列車取材のときには一睡もしないという西村さんだが、この旅では十分にリラックスできたようだ。

「今度は食堂車を題材に作品を編んでみたいですね」

旅の終章。札幌到着を控え、西村さんの表情を窺うと、つぎなる作品の構想が芽生えているようにみえた。

スイートの乗客だけにプレゼントされる乗車証明書。「西村京太郎記念館(神奈川県湯河原町)に展示しましょう!」と奥さん。

●運行日　大阪発は月・水・金・土曜と12月29〜1月3日、31〜2月12日(札幌発は火・木・土・日曜と12月30〜1月4日、2月1日〜13日)

●運転時間　大阪発12:03→札幌着9:07(21時間4分)、札幌発14:05→大阪着12:52(22時間47分)

●運賃+料金(1名分)　スイート:4万4810円(2万8860円)、ロイヤル:3万6500円(2万8860円)、ツイン:2万7480円、シングルツイン:2万8490円(2万4570円)、Bコンパート:2万5620円(( )内は補助ベッド利用分。スイートは3名まで、ロイヤルとシングルツインは2名まで利用可)

●食事　夕食は乗車1カ月前から5日前までにみどりの窓口などで予約。フランス料理(1万2000円)と日本海会席御膳(6000円)の2種。御膳は寝台かサロンカーでの利用。時間は17時30分と19時30分の2回。

『豪華特急トワイライト殺人事件』の作品舞台を歩く

ミステリーを解く鍵 1 列車の編成と全客室を調べる

『豪華特急トワイライト殺人事件』は、大阪に向かってひた走る車内という特殊な舞台設定。舞台装置としてまず考えられるのは、さまざまなタイプの個室寝台からなる居住スペースと、サロンカーや食堂車などのパブリックスペースだ。

「各部屋の構造など、調べられることは前もって調べておきますが、実際にみると異なることもあって、取材が重要です。扉の形状やベッドのつくりなども、ひとつひとつ検証しなければ話には活かせません」

作品のなかでは、ここで紹介する客室や設備が、それぞれの特徴を活かされて登場する。

「それと乗客の様子。作品のなかのエピソードのいくつかは、取材のときに実際に見聞きしたことが反映されています」

舞台を躍動させるということは、その魅力を存分に描くということでもある。ここでは、その装置の数々を紹介しよう。

A個室スイート

編成内に2室設けられた2人用A個室寝台。ソファーセットを配した居室とベッドルームからなり、専用のシャワールームとトイレ、ビデオモニタなどを完備。下りでは1号車スイートが最後尾（青森信号場〜五稜郭間を除く）で、展望車としてとくに人気を集め、ステイタスシンボルにもなっている。↙

ホテル並の設備を持つロイヤル。インターホンを通じて食堂車のルームサービスの利用もできる。

A個室ロイヤル

1・2号車に8室あるA個室寝台。「北斗星」でデビューして以来、豪華寝台車の代名詞として活躍する人気寝台だ。基本的には1人用だが、ソファーベッドは電動でダブルベッドに早変わりし、追加料金を払えば2人利用が可能。そのためひとり旅だけでなくカップルの旅などにも親しまれている。室内には折り畳み式トイレと洗面台を持つシャワールームのほか、ビデオモニタなどを備える。

『豪華特急トワイライト殺人事件』（新潮文庫・476円＋税）

北海道旅行を楽しんだ十津川警部夫妻は、帰路にトワイライトエクスプレスを選んだ。しかし、偶然にして十津川が以前に逮捕した男が同乗。旅に不穏な気配が漂う。夜を徹して走る続ける車内で起こる殺人予告。やがて現実に殺人事件が起きて……。

EXPRESS

トワイライトエクスプレス編成図

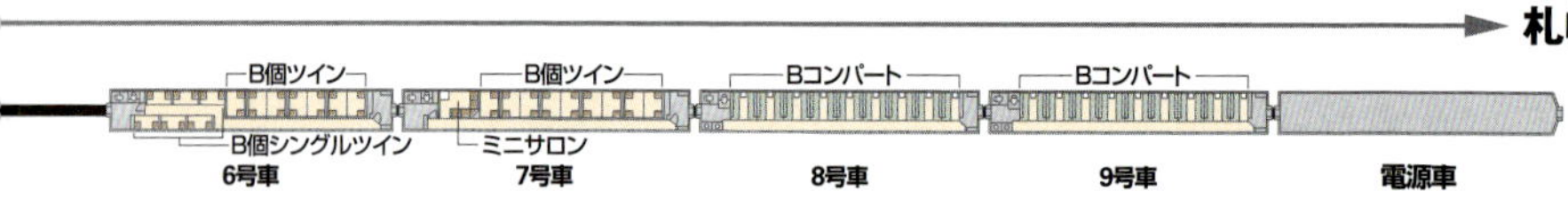

2号車では車両中央に配置され、ソファー部にはサロンカー級のパノラマウィンドウを持つ。

2号車スイートは揺れの少ない車両中央にあり、ベットを線路と平行に配置。トイレなどを含めて実質的な居住性が高められている。

B個室ツイン

標準タイプの2人用個室寝台で、5～7号車に23室がある。日本海側に向かって櫛形に配置、上下2段にとられた窓を持つ室内は、ライト感覚にまとめられ明るい。ベッドは一般のB寝台と同様に2段式だが、下段ベッドは手動で対面式のソファーに転換でき、上段はボタン操作で上げ下げができるなど、昼間の居住性にも配慮されているのが特徴。BGM装置が備えられている。

昼間の状態にしたツイン。ひとりが車窓に背を向ける恰好だが、室内空間には余裕があるので気ままなスタイルで過ごせばいい。

B個室シングルツイン

一見、不思議な名前が示すとおり、1人用のB個室寝台だが、上段に固定されたエキストラベッドを使うことにより2人利用が可能。下段ベッドはツインと同じ折り畳みタイプで、就寝時には手動でベッドに転換する。5・6号車に6室ずつある半数は本州山側に配置。北陸の山岳風景や琵琶湖、北海道側では内浦湾が望めるなど、「トワイライト」の隠れた注目個室にもなっている。

シングルツインは線路と平行にベッドを配置。やや手狭な印象もあるが、車窓を眺めながら落ち着いた旅の時間を過ごせる。

Bコンパート

寝台列車の標準ともいえる2段式B寝台車の区画ごとにガラス戸をつけた簡易個室。最大の特徴はこのタイプのみ部屋売りではなくベッドごとの予約ということで、見知らぬ人との出会いや会話など、ほかの個室寝台にはない魅力もある。もちろんベッドごとにカーテンがつくので、あるていどのプライバシーは保てるし、4人揃えば1区画を個室とすることも可能だ。

Bコンパートは一般型のB寝台に扉をつけたタイプだが、従来型とはいくぶん印象が異なる。もちろんパジャマや毛布などは完備。

パブリックスペース

共用空間の充実も「トワイライト」の一大特徴。4号車サロンカーは列車の社交場として深夜にまで賑わう。7号車にはミニロビーがあり、ソファーセットや飲み物の自販機を備える（4号車にはおつまみも）。シャワールームは4号車に2室。有料で誰でも利用できる。

A個室シャワーは延べ25分間利用できる。温度調節も自在だ。

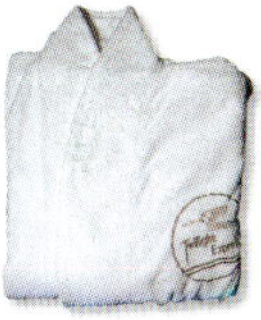

スイートに備えられるバスローブ。贅沢気分を演出するミニアイテム。

従来の浴衣とは異なり、各寝台のパジャマも専用のタイプが用意される。

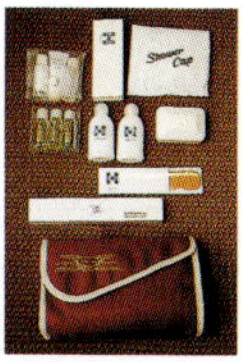

A個室に配布されるアメニティーセット。シャンプーや化粧品などをコンパクトに収納。

A個室にはエンブレム入りの使い捨てスリッパが備えられ、持ち帰りも自由。

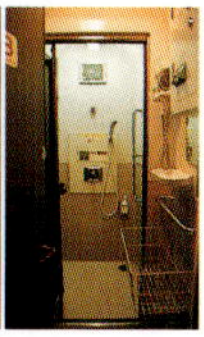

(右)サロンカーにあるシャワールームは1回310円。食堂車でカードを購入。(左)7号車にあるミニロビー。(中)サロンカーの自販機にはソフトドリンクのほかお菓子類も。

TWILIGHT

大阪←

編成表をみれば列車の部屋割りが一目瞭然。バラエティーに富んだ編成内容もトワイライトの特徴だ。

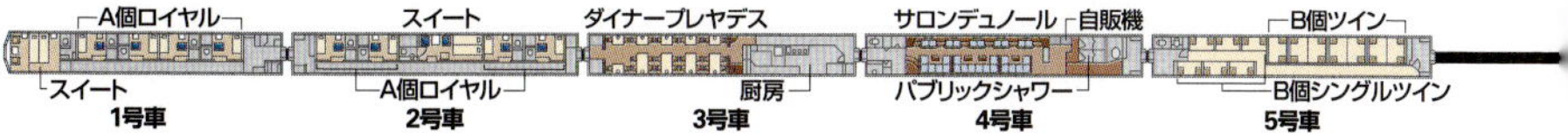

ミステリーを解く鍵 2

密室の中に潜む死角を探す

「まさか『死体を隠すにはどこがいいか?』なんて乗務員には訊けないし」

と笑う西村さんが取材時に必ず心掛けるのは、車両の内外を先頭からお尻まで調べてゆくことだという。

「車内にあるちょっとした死角などもあればチェックします。客室や客席はもちろん、通路やトイレなどにもそれはある。そうした鉄道車両に共通する構造だけでなく、列車ごとの接客設備も同じですね。サロンカーや食堂車なども、実際に目と足で確かめながら、それをどのようにストーリーに活かしていくかを考えるのです」

実際の作品では、舞台となる列車の特徴ともいえる代表的設備だけでなく、意外なスペースが事件現場になったり、トリックに使われることが多い。

「トワイライトの場合、まず個室寝台中心だということ。それも切符がなかなか入手できない人気寝台や格段の広さを持つ個室があるという特性があります。鍵をかけた個室は密室ですよ」

個室のなかにはベッドだけでなく荷物棚や部屋によってはシャワールームまである。しかも、いったん個室の扉を締切ってしまえば、室内の様子は外から窺うことはできない。いわゆる「密室もの」としての仕掛けは車内中にあるともいえるのだ。

逆に、サロンカーのように乗客が集まりやすい場所も、ストーリーの要所で重要な舞台となる。犯人にとっても追う側にとっても、さまざまな乗客の様子が把握できるからだ。

また、犯人の心理に立てば、ほかの乗客が通常では現れにくい場所を探す必要もでてくる。盲点探しである。ふだんはにぎわっているサロンカーも、深夜帯には利用者が減り、無人になることもある。

「以前は青函トンネルのなかで車掌さんによる説明がありましたが、そういうときの車掌室はどうなっているのだろうという疑問もでてきます。列車設備のトリックで車掌室は重要ですよ」

車掌室にあるさまざまな設備。手で開けられる窓……。

多彩な設備を持つ「トワイライト」は、事件の練り甲斐のある列車といってもいいかもしれない。

4号車サロンデュノール

深夜まで賑わうサロンデュノール。個室で過ごす個の時間が、サロンでは見知らぬ同士での語らいの場面となる。

通路

寝静まった個室寝台車の通路を歩く。5・6号車にはクランクもあり、死角を生む。事件への空想が湧いてくる。

車掌室の窓

新幹線や寝台列車など窓の開かない列車でも車掌室の窓は開く。割合に大きな窓で、車掌は身を乗り出すように外を見ることもある。

厨房

食堂車の業務は厳しい。笑顔の接客の裏には、乗客に知られぬ苦労もあるに違いない。こんなひとコマも作品へと投影されてゆく。

公衆電話

4・7号車にはカード式公衆電話も。『トワイライト殺人事件』のころは、まだ携帯電話は珍しいツールだったが……。

ミステリーを解く鍵 3

時刻表にない情報を読む

「以前と比べると、時刻表のトリックはつくりづらくなりました。いまでも時刻表のなかで意外な発見に出会いますが、そういう傾向はあります。ダイヤがシンプルになったことや、窓を開けられない列車が増えたのも要因でしょう」

西村ミステリーで活躍しているアイテムのひとつが時刻表だ。しかし、実際には時刻表にない情報を現地にみるということが、作品づくりにおいて大切なことになっていると西村さんはいう。

「取材のときにはすっと起きています。通りゆく駅や列車の走り具合、停車時の様子などを観察するんですね。駅のホーム上などに人はどれだけいるか？ 夜行列車の車内が静まり返っていても、荷物車の積みおろし作業があったりします。売店や電話、倉庫など、駅にあるもののチェックも大切です。キヨスクの営業時間を知ることも気にしていることのひとつですね。こうしたことは時刻表には載ってませんから」

かつては列車の行違いや長時間停車、追いこしなどダイヤグラムのなかから鉄道ミステリーのトリックを抽出してきたものが、時刻表を単に読むだけでなく、いかにその裏側を追求できるかに焦点が移ってきているようだ。

たとえば、「トワイライト」では青森信号場と五稜郭とで機関車の交換をし、進行方向が逆転する。また、蟹田ではJR西日本とJR北海道との間で車掌交替があり、列車運行のポイントにもなっている。下りでは鯖江で後続の特急に抜かれるために停車するし、酒田や吹浦、秋田、大館でも機関士交替などのため列車は止まる。こうしたことは時刻表からは読み取れないこともあり、実際の取材で明らかになる部分ではあるけれど、逆にいえばトリックに活かすことも可能になってきそうだ。

「ローカル線でも同じ。数時間に1本の列車なのにトイレがないとか、半自動ドアというのもありますね。あれだって時刻表からではなく、現地で知ります。あとはその事実をどのように活かしていくかですね。そういう意味ではどんどん新しい情報を仕入れていかなければなりません」

知られざる事実との出会いが「トワイライト」の旅に待っているかもしれない。

反対列車とのすれ違い

ほかの列車との行違いも観察ポイントのひとつ。列車の形状や時間、様子などがヒントへとつながることもある。

停車駅での人の動き

金沢では4分停車。ホームに降り立って、人々の動きや駅の様子をチェックしてゆく。あるいは停車時間に犯人が動くかもしれない。

運転停車駅の様子

酒田で運転停車。乗客の乗り降りはないが、列車も駅も動いている。深夜の通過駅も、作品につながる大事な要素だ。

「ボーっと表をみていることがあります。景色を眺めているようで、じつはストーリーを練っていることが多いんですよ」（奥様）

機関車のつけ替え

午前4時37分。青函トンネルを越えた列車は五稜郭駅に到着。ここで機関車を交換し、終着に向けて再スタートを切る。

乗り換え列車の編成

北海道の最初の停車駅・洞爺ではローカルの単行気動車がいた。ほんの一瞬の出会。作品への活かされ方はまだわからない。

TWILIGHT

A個室2号車スイート

サロンカー並みに、屋根まで回り込む大きな窓が特徴。1号車スイートと設備は変わらない。車両中央部になるため、片側が廊下と接するが、ゆったりとしたレイアウトが特徴。1号車スイート同様、補助ベッドを使用して3人まで利用可。

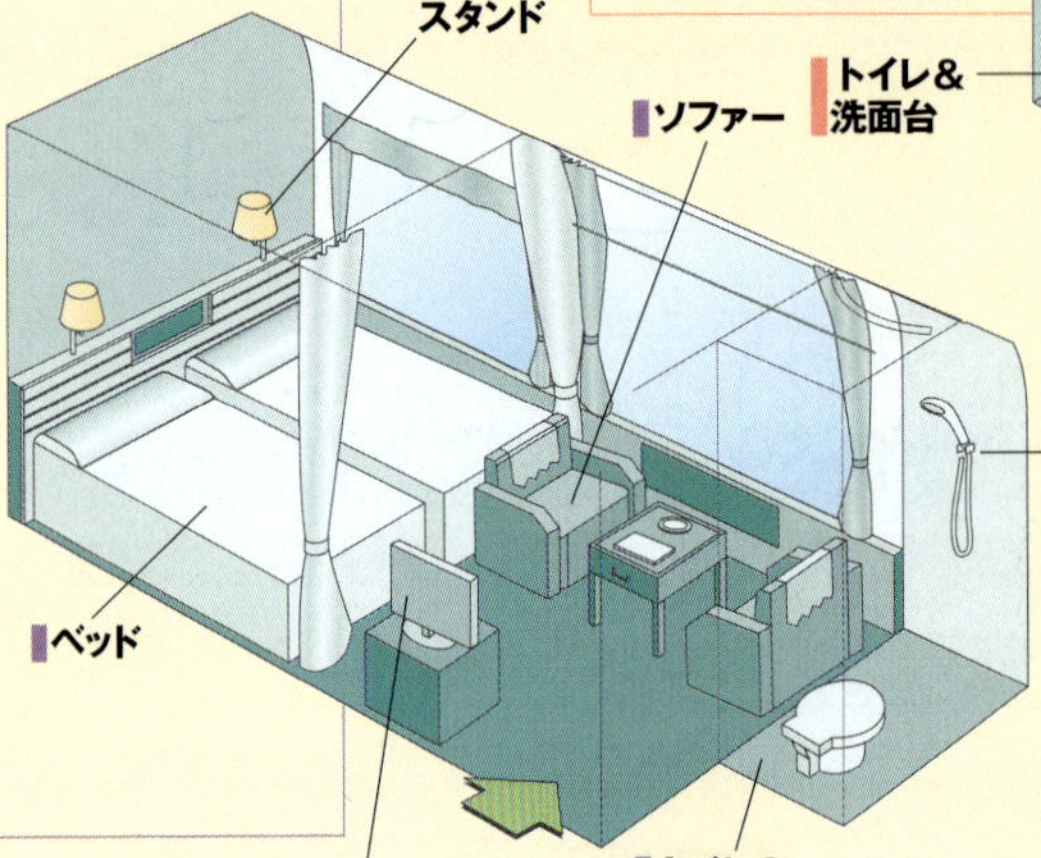

ロイヤル

計8室ある。高い天井、シックな色調のインテリア、アンティックな照明でスイートとは差別化を図っている。ベッドは可動式でセミダブルサイズに。トイレ&シャワールーム、テレビなどを備える。受けられるサービスはスイートと変わらない。

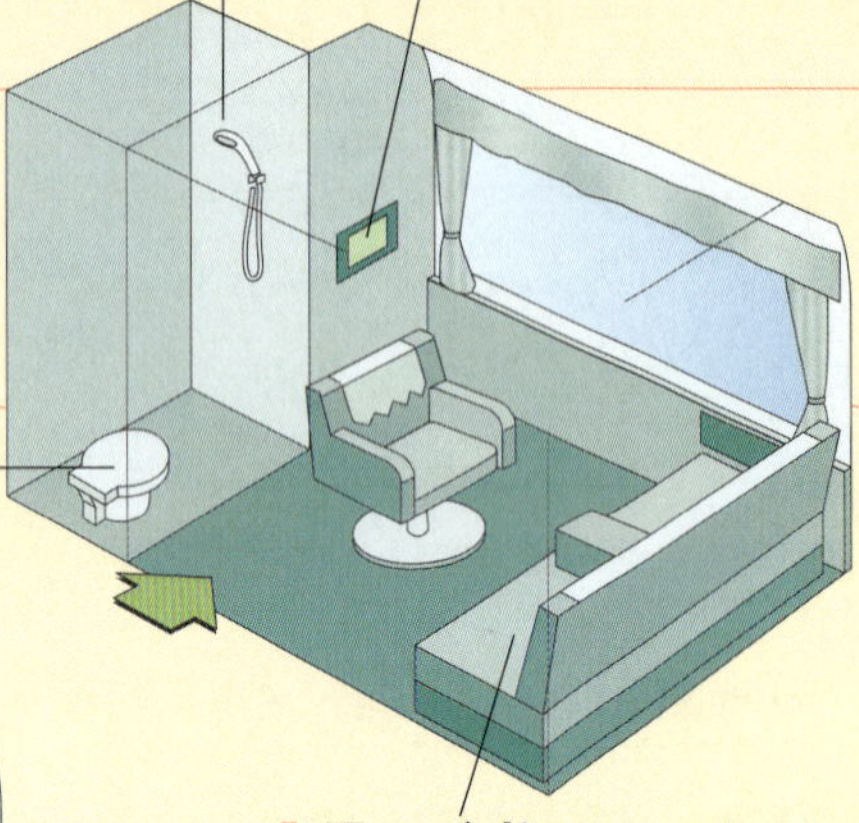

トワイライト エクスプレス 編成図&室内図

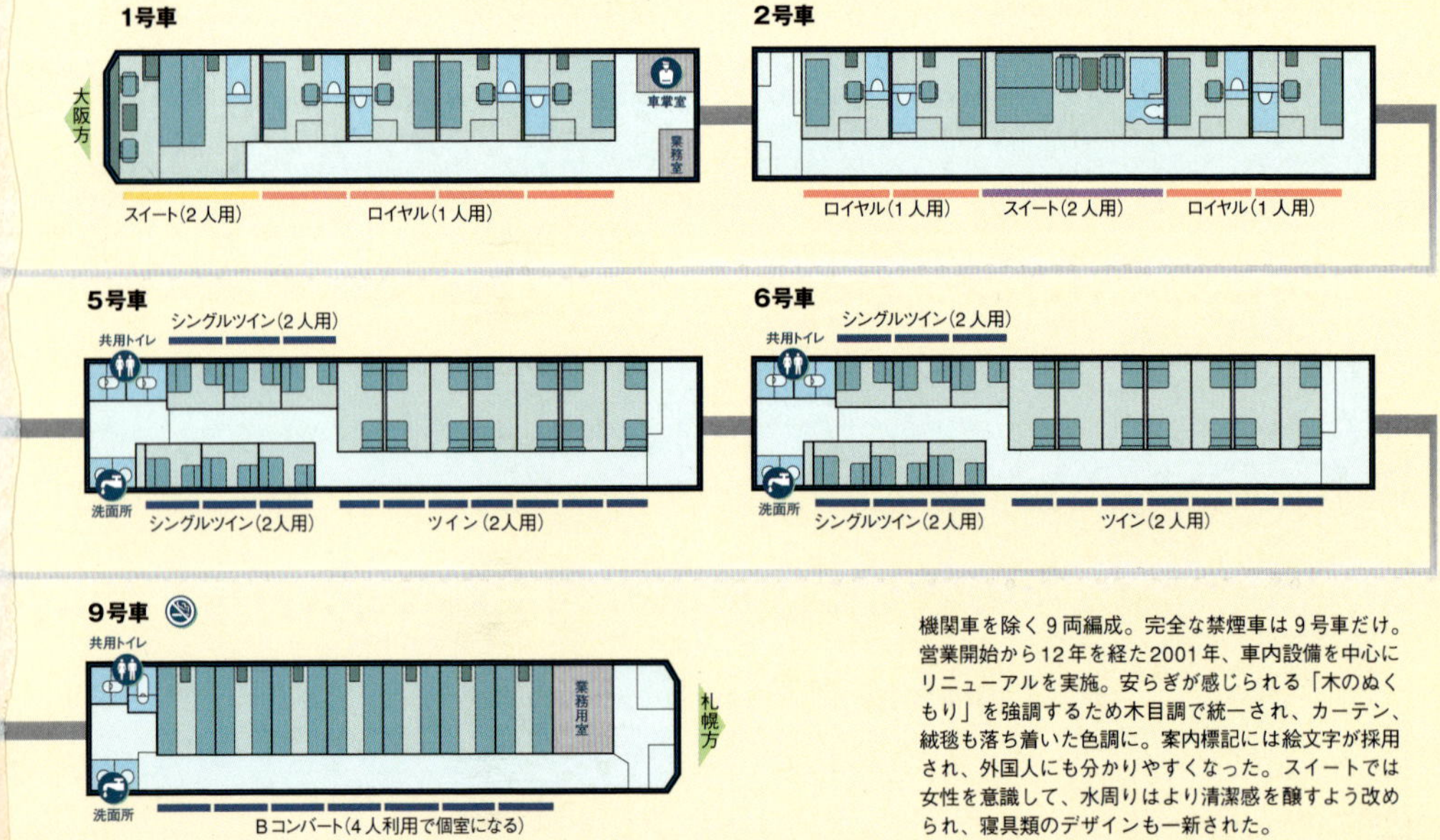

機関車を除く9両編成。完全な禁煙車は9号車だけ。営業開始から12年を経た2001年、車内設備を中心にリニューアルを実施。安らぎが感じられる「木のぬくもり」を強調するため木目調で統一され、カーテン、絨毯も落ち着いた色調に。案内標記には絵文字が採用され、外国人にも分かりやすくなった。スイートでは女性を意識して、水周りはより清潔感を醸すよう改められ、寝具類のデザインも一新された。

A個室1号車スイート

シャワー、洗面台がセットされた専用のトイレ、オーディオ、ビデオモニター、冷蔵庫、ドライヤー、バスローブ（スイートのみ常備）、洗面セットなどが設備されている。カーテンや絨毯は洗練されたカラーで統一。ベッドルームと展望車部分はカーテンで仕切ることができる。A個室車はすべて食堂車直結のインターホンでルームサービスを受けられる。

テレビ

一般放送は観られず、3チャンネル放送によるビデオ放映になる。ワイドスクリーンで、スピーカーはBOSE。

ライトスタンド

照明は調光式。好みの明るさに調節できる。

コントロールパネル

ビデオ・オーディオ・空調・照明などのコントロールパネル。オーディオは4チャンネル。

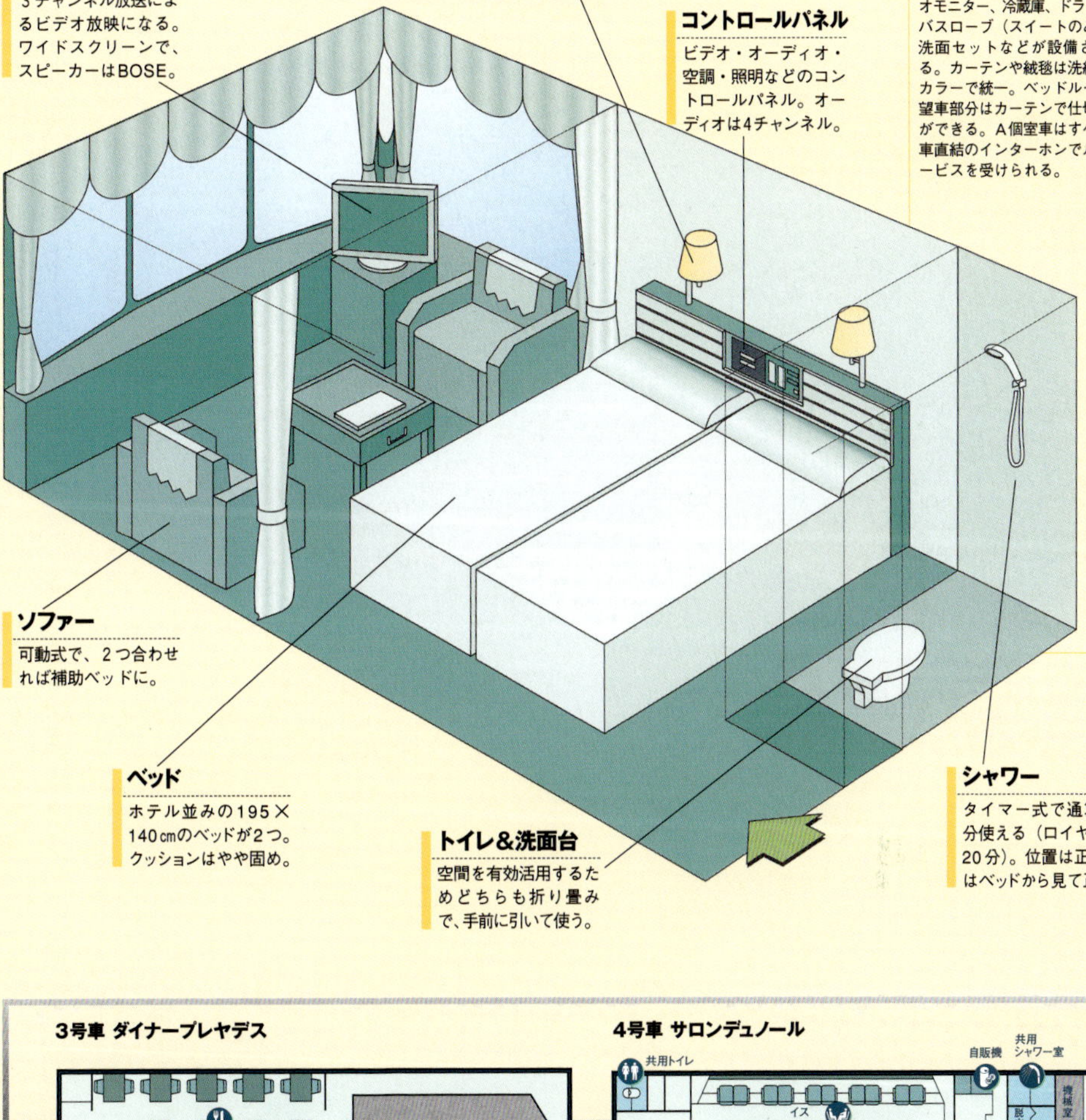

ソファー

可動式で、2つ合わせれば補助ベッドに。

ベッド

ホテル並みの195×140㎝のベッドが2つ。クッションはやや固め。

トイレ&洗面台

空間を有効活用するためどちらも折り畳みで、手前に引いて使う。

シャワー

タイマー式で通算25分使える（ロイヤルは20分）。位置は正確にはベッドから見て正面。

3号車 ダイナープレヤデス

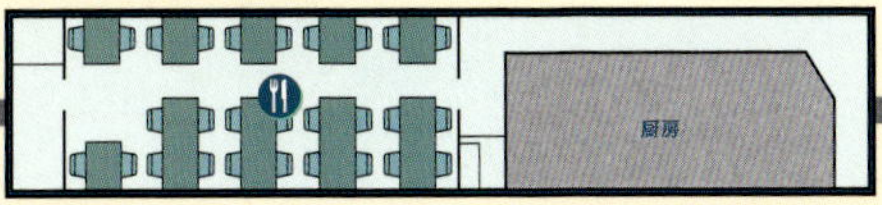

4号車 サロンデュノール

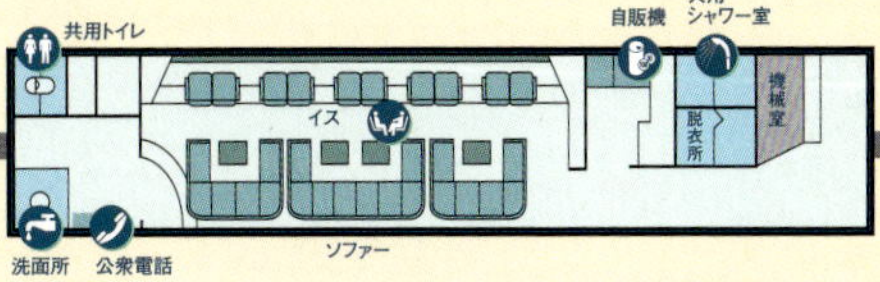

7号車

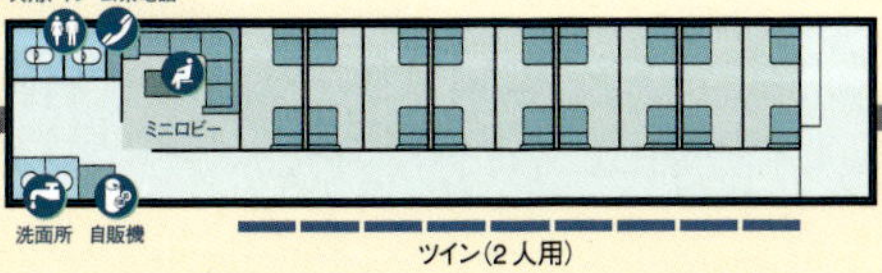

8号車

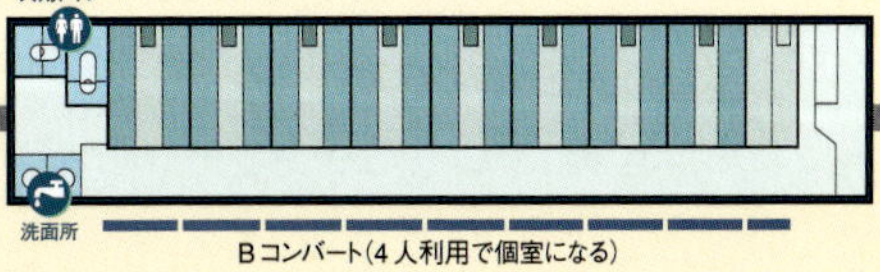

寝台列車の終着駅からの旅

「終着駅」という名のドラマがあった。北海道には、その先のドラマが待っている。そんなドラマの舞台にふさわしい小樽や札幌の街角を散策した。

三角市場は、北海道の旬の味覚が通路にせり出すほどだった。9時〜18時。無休。

タバラガニは、北海道の秋を代表する味。交渉次第で、額面の3分の1になることも。

「先ずは小樽へ行こう」

小樽駅を出て左に行ったところにあるのが「三角市場」。海産物や野菜など生鮮ものが中心。元々は地元の客ばかりだったが、最近は観光客も多く訪れるようになった。敷地と屋根が三角形だったのが名前の由来。傾斜地に立っているので、通路に傾斜があるのが面白い。

駅から車で10分ほどのところにある「旧青山別邸」は、明治〜大正期にニシン漁で財をなした青山家の別邸として建てられたもの。現在は小樽貴賓館として一般公開されている。レストランなども併設。その規模、豪華さなどは当時の繁栄ぶりがどれほどのものであったかを想像するに難くない。おたる水族館も近い。

日本海に削られた海蝕崖や奇岩が連続する「高島岬」は小樽の自然風景のひとつのスポット。旧青山別邸やおたる水族館とセットで観光を。

駅前に戻って、目の前の坂道を5分ほど下ったところに「小樽運河」がある。ズラリと並んだ倉庫の中には観光客相手の店となっているものも多い。運河沿いに遊歩道も整備されている。浅草橋の上に立つと誰もが記念写真を撮りたくなる。

運河と並行する堺町本通りは小樽観光のメインストリート。「北一硝子」も各種店舗を展開している。

「日本銀行旧小樽支店」は、北海道経済の中で小樽が占めていた役割の大きさを示している。そこに日銀の支店が存在する意味を考えてみたい。

昭和9年に建てられた小樽駅の駅舎は、石原裕次郎と硝子工芸品で彩られていた。

高島岬からは、はるか西方に神威岬、東に札幌市街が見える。建物はホテルノイシュロス。

運河沿いの旧倉庫街は小樽きっての観光スポット。多くはレストランなどに生まれ変わった。

小樽市祝津にある旧青山別邸は大正12年の建築。重なり合う瓦葺きの屋根が見事だ。

寿司屋通りのおたる政寿司では、マグロ、サーモンなどでさまざまな握りが楽しめる。小樽市花園1-1-1☎0134-23-0011

かつては外国人が多く利用した小樽グランドホテルクラシック（旧越中屋ホテル）。

美しい硝子工芸品が並ぶ北一硝子3号館は明治24年建築。珍しい木骨石張倉庫だ。

日本銀行旧小樽支店（現金融資料館）は、辰野金吾の設計による明治45年の建築。

札幌の中心部、大通公園の東端に立つさっぽろテレビ塔は、地上からの高さが147・2m。

テレビ塔から徒歩4分のところにある札幌時計台は明治11年の建築。札幌観光の中心である。

「あの塔に上って札幌の夜景を見ましょう」

北海道庁旧本庁舎は、米マサチューセッツ州議事堂をモデルに明治21年に建造された。

札幌駅の南口から徒歩10分ほどのところにある「北海道庁旧本庁舎」。隣に近代建築の大きな現道庁があるが、赤レンガのどっしりとした造りは時代を超えた存在感を示している。現在は北海道の歴史に関する展示などが行われている。

札幌中心部を東西に貫く100m道路の中央部が「大通公園」。毎年2月の雪まつりのメイン会場にもなるので有名。このほかに季節ごとにイベントが行われている。

その東端にあるのが高さ147mの「テレビ塔」。展望台から見る大通公園をはじめとする札幌市街は昼も夜も美しい。

札幌駅前の西武ロフトの脇の道を南に500mほどのところにあるのが「時計台」。周囲に大きな建物ができてしまったため、こぢんまりと見える。さらに南へ進み、大通りを渡って500mほど行ったところが北海道一の繁華街「薄野（すすきの）」だ。昼も夜も大勢の人で賑わっている。

大通公園には、昭和53年から営業する札幌観光幌馬車の姿もある（冬期は休業）。

さっぽろテレビ塔の展望台は、高さ90.38m。
北の都190万都市の夜景が一望できる。

川島令三（鉄道アナリスト）が体験する 寝台列車で

釧路から長崎まで4つの寝台列車を乗り継いで4泊5日2700キロ

取材・文／かわしま りょうぞう

1950年（昭和25）兵庫県生まれ。雑誌記者を経て1986年からフリー。鉄道アナリストとして、鉄道関連の著作、解説を行う。ライフワークとして「全国鉄道事情大研究」シリーズを執筆中、また「夫婦で行く豪華寝台の旅」など多数の著書あり。5月からCS放送の「鉄道マニア倶楽部2」に出演。カシオペアの向谷実氏とともに各地区の鉄道名所をフリートークする番組。北斗星のロイヤルでのロケも予定。

日本列島縦断！

釧路発の特急まりも、札幌発の急行はまなす、青森発の寝台特急日本海、大阪発の寝台特急あかつきに乗り継いで、東の端から西の端まで日本列島を縦断する4泊5日、乗車券2万6920円、2700キロの旅。寝台列車の楽しさを存分に満喫でき、到着駅での日中は有効に使える、その上、意外に安上がりな贅沢旅行だ。

このページの写真はいずれも日本海

夕暮れの青森駅で出発を待つ。かつてこのレールは、この先にある青函連絡船の船腹へと通じていた。奥の橋は青森ベイブリッジ。

奥羽本線の八郎潟～鯉川間は車窓の左右に花畑が広がる。下り列車は、この先東能代駅から青森に向けて山間へ入っていく。

羽越本線小砂川～上浜間を走る下り列車。沿岸を走る日本海だが、海の景色を眺められる区間は意外に少ないものだ。

一方、奥羽本線碇ヶ関～長峰間は、のどかな果樹園が続いている。5月ごろにはリンゴの花が咲く風景が眺められる。

乗車券料金は、「根室→根室線・石勝・千歳線・静狩・函館線・海峡・奥羽・羽越・信越・北陸・湖西・東海・山陽・鹿児島線・長崎線→長崎」の2万5300円と「南千歳～札幌・往復」の1620円の合計金額。

1・2日目

釧路～札幌

●特急まりも

発	
23:00	釧路
23:30	白糠
23:49	音別
0:30	浦幌
0:59	池田
1:26	帯広
2:36	新得
着	
4:51	追分
5:08	南千歳
5:38	新札幌
5:50	札幌

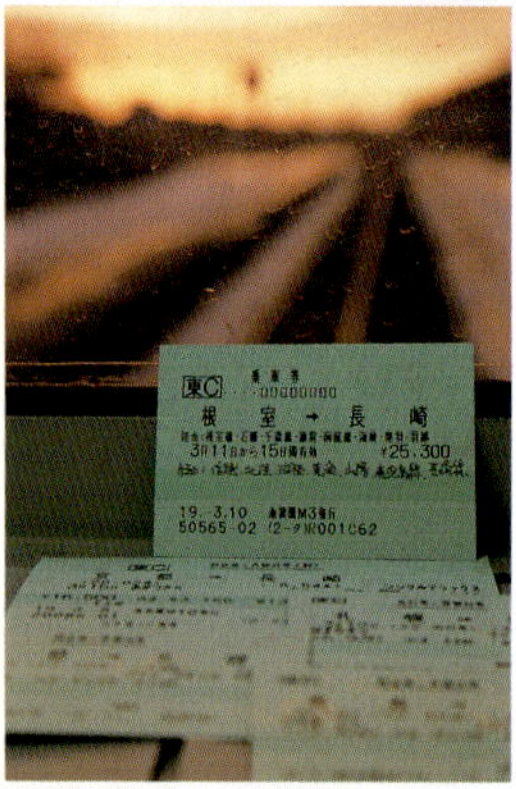

（上）釧路駅前の蒸気機関車の動輪のモニュメントの横で、これからの長旅を前にして思いをめぐらす。（右）花咲線の列車の最後部で切符を並べる。上が根室―長崎間の乗車券、下の4枚がこれから乗る寝台券。乗車券にはこれから途中下車したスタンプが押される。（下）釧路駅のもみじ弁当は鹿肉を使用しためずらしい駅弁。鹿肉をみぞれ煮風にして、あっさりした味に仕上げている。

最東端の東根室駅からあえて出発 23時、札幌へ向かうB寝台へ乗る

最東端の駅、東根室。無人駅で近くにあまり家がない。ホームと駅前広場に最東端の標柱が立っている。

せっかく釧路から長崎まで寝台列車乗り継ぎで日本縦断をするからには、最東端の東根室駅を旅の出発点に選んだ。

板張りの片面ホームがあるだけの無人駅、日本最東端と書かれた標柱が駅名看板の横に置かれている。そこにステンレス車体のディーゼルカーがやってきた。

旅のはじまりである。東根室から釧路まで近いように思えるが、130キロ余りもある。東京から沼津に行くよりも遠い。乗車時間は2時間余りかかる。「北海道は広い」を痛感するが、廃車された新幹線の座席を流用しており快適である。

とっぷりと更けた暗黒の原野を進んでいく。ときおり警笛を鳴らしブレーキをかける。鹿が線路内に入り込んでいるためだ。鹿も原野よりも線路のほうが歩きやすいらしい。

乗客はまばら、各駅に停まっていくが、ほとんど乗り降りはない。厚岸《あっけし》ではいくぶん乗り降りがあった。厚岸には名物駅弁「かきめし」を売っている。「まりも」の車内食にしようと思ったが、夜なので営業しておらず、あきらめた。

ようやく釧路に到着。「まりも」の発車まで2時間ある。寝台列車に乗る前にやっておくことは飲食料と氷の確保。とくに飲兵衛にとっては氷は必需品だ。

食料は朝食用も含めて釧路の駅弁を二つ購入した。酒と氷は乗車寸前に駅近くのコンビニで確保。これで準備OK。

「まりも」は5両編成、1、4、5車は通常の座席があるディーゼル特急車、2、3号車が寝台車である。寝台車の2号車、座席車の4号車には女性専用席がある。寝台車には駆動用のエンジンがないから、静かで快適である。

さっそくB寝台のベッドに荷物を置く。指定されたのは下段だった。飲食は下段のほうがやりやすい。

ただ、B寝台は4人一組のコンパート

特急まりも

営業キロ　348.5

運行時刻　【下り】札幌23:10発―釧路5:50着（6時間40分）【上り】釧路23:00発―札幌5:50着（6時間50分）

料金など　B寝台2段式9820円（夏場）／同5520円（冬場）／普通車指定席3030円／同自由席2520円）

車両／施設　5両編成、寝台車2両は客車（普通車はディーゼルカー）、女性専用寝台（席）、更衣室、飲料自動販売機あり

車内販売　なし

厚岸－糸魚沢間を走る下り「まりも」。2、3両目が寝台車。客車改造のため天井が高いが、座席車のディーゼルカーと組んでも違和感がない編成美をかもしだしている。

メントなので、あまり大っぴらに飲むわけにはいかない。幸い一緒になったのは半同業の地元のD新聞社の男性一人だけ、一声かけると道庁に用事があるとのこと。寝台列車に乗るのははじめてなので、ベッドメーキングの方法を聞かれた。それで、まずはシーツをベッドに敷き、通路側に枕を置くように進言した。

釧路を発車したが、同じコンパートに他の客は乗ってこなかった。そこで駅弁を肴にお酒を飲みはじめた。D新聞の方は、「23時発なので、すぐに眠れるよう釧路で4軒はしご（酒）をした。到着も早いのでまずはサウナに行く。お宅はどうされるの？」と聞かれ、「まずは朝食」と答えた。

「まりもの到着時間にはまだ開いていない。いいサウナがあるよ。食堂も開いてるよ」とすすき野のどこそこと言われたが、札幌の細かい地理は詳しくなくあきらめた。発車30分後、白糠《しらぬか》に到着、その後、減灯されて会話をやめカーテンを閉めて床につく。「まりも」と同じルートを走る昼間の「スーパーおおぞら」なら4時間しかかからない。それを7時間近くかけるから、結構、遅く走り、新得《しんとく》では19分停車する。逆に言えば揺れは少なく快眠できる。

心地よい適度な振動は眠気を誘い、気がつくと札幌近く。身支度を急いでやり、トイレと洗面をすまし、ホームに降りた。

(右)「まりも」は釧路駅1番線に停車。根室からの快速「ノサップ」に接続する。
(下)後ろのＪＲタワーができたので、北海道新幹線が開通したときには在来線の1～3番線を新幹線ホームにする予定。

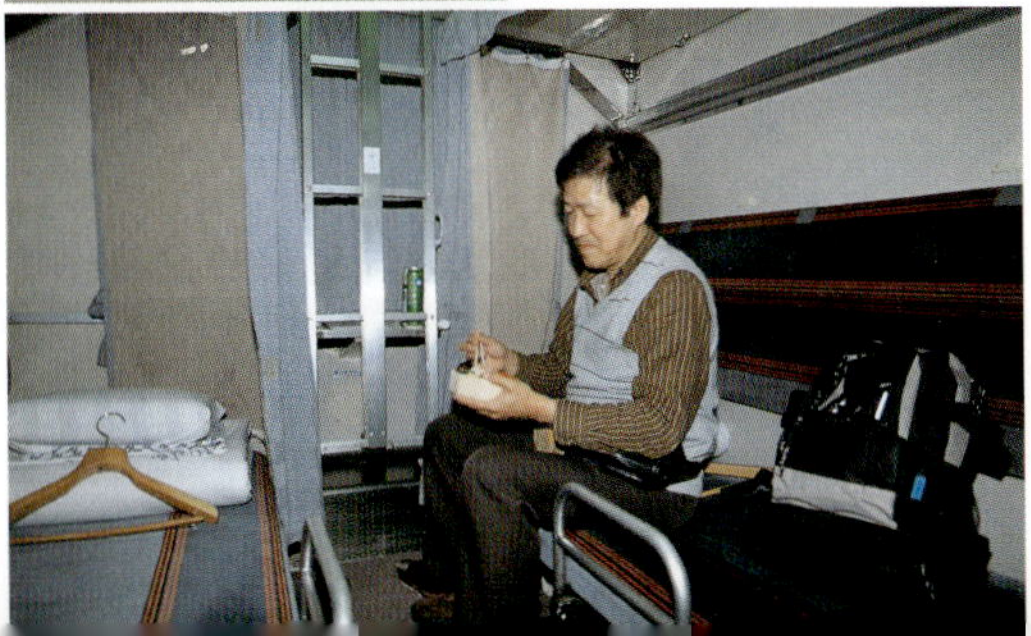

(上) もちろん座席車が連結されている。座席車も減灯されるが、エンジンの音が少々気になる。(下) Bコンパート奥のハシゴは両端の柱を中央の柱に組み込めるので車窓を遮らない。

2・3日目

札幌〜青森

●急行はまなす

発	
22:00	札幌
22:11	新札幌
22:36	千歳
22:41	南千歳
23:04	苫小牧
23:35	登別
23:52	東室蘭
0:12	伊達紋別
0:57	長万部
3:00	函館
着	
5:35	青森

「はまなす」も札幌発22時0分と遅い。機関車牽引の7両編成の客車列車で、1、2号車が寝台、4号車がカーペットカー、残りは座席だが、5、6号車はドリームカーという前後の座席間隔が広く背もたれが大きく倒れる。客車時代の「まりも」に使われていた車両で函館寄りにミニロビーがある。また、2、4、5車に女性専用席がある。

このときの「はまなす」の寝台は満席のため上段を指定されていた。上段でいいのは通路の上にある荷物棚に手が届くことである。ベッドに横になっても、バックに入れたものをすぐに取り出せる。

コンパートが満杯であり、上段では飲食しにくい。このためドリームカーにあるミニロビーでゆっくりすることにした。

札幌で仕入れた駅弁は「はまなす亭」のカニ弁当、ただし正式な駅弁ではなく新千歳空港で売っている空弁を札幌駅西コンコースで販売しているものだ。

寝台列車乗車時に習慣になっているコンビニで仕入れたカップ入り氷にワンカップ焼酎とチュウハイをブレンドし、まずはこれをぐいっと飲む。流れ行く車窓とカニ弁当を肴にして酒を飲む。これが夜行列車での最高のひと時である。

車内は減灯され、ほろよい気分になっ

特急まりも
営業キロ　479.1
運行時刻　【下り】青森22:45発ー札幌6:07着（7時間22分）【上り】札幌22:00発ー青森5:35着（7時間35分）
料金など　B寝台2段式1万5540円／カーペットカー9750円、普通車指定席1770円／自由席1260円、乗り継ぎ割引あり
車両／施設　7両編成、すべて客車（機関車が牽引）、女性専用車あり、リクライニングシートの「ドリームカー」もあり
車内販売　なし

札幌駅5番線から「はまなす」は22時ちょうどに発車する。入線は21時38分。乗り込んでから発車までたっぷり時間がある。

カニ弁当と焼酎を友にして海峡を越え、青森の人情に触れる

急行「はまなす」は機関車牽引の客車列車。札幌始発時は前の2両が寝台車。7両編成と北斗星などよりも短いので機関車は1両ですむ。

カーペットカーは２段式。下段でおじいちゃん、おばあちゃんが小宴会をやっている風景は青函連絡船のカーペット席を思い出させる。

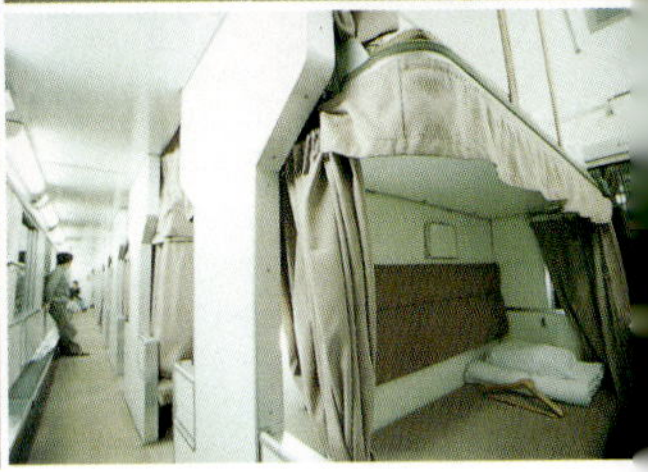

（上）蝦夷富士、要するに羊蹄山のようにタラバガニを盛った「はまなす亭」のカニ弁当。（下）Ｂコンパートは通常４人だが、車両の端では２人のところもあり、カップル二人の利用には最適。

（右）青森に展示されている青函連絡船の八甲田丸。手前には貨車積み込みのための可動橋と３線のレールも残っている。（左）開発前の青空市場をそのまま再現した青森生鮮市場。おばちゃんにタラコのうんちくを聞く。このあと鯨ベーコンと中トロを購入。

たので、そろそろベッドに戻る。心地よい走行音は眠気を誘う。夢心地で聞いていると、急に静かになった。函館である。ここでディーゼル機関車から電気機関車に付け替え、進行方向も逆になる。「はまなす」は津軽海峡線に入り、軽快に走り出した。そして海峡トンネルに突入、だれも起きていないが、静かにはしごを下りてトンネルを覗き込み、そしてトイレに行って、またベッドにもぐりこんだ。少しまどろんでいると、列車が速度を落とし左右によく揺れるようになってきた。津軽線に入ったのである。

しばらくすると車内放送があり、室内灯も明るくなった。まもなく終点青森だ。各ベッドのカーテンが一斉に開き、全員が身支度をしだし、そして青森に到着。

大半の客は「つがる」に乗り換えた。こちらは夜まで時間がたっぷりある。そこで青森新鮮市場で朝市を眺め朝食をとることにした。青森駅前再開発で新鮮市場は駅から少し離れた再開発ビルの「アウガ」の地下に移った。市場から直接、ほかの階には行けない。生臭いにおいが他の階に漂わないようにするためである。

朝食をとるには早すぎるので、まずは朝市を巡る。各店のおばちゃんたちとの会話は楽しい。

「安くしとくよ」と声をかけられた。

「長崎まで行くから生ものはもたない」

というと、

「長崎？　飛行機で行くんでしょ。保冷材を入れてあげるから」

「いやいや寝台列車を乗り継いでいく」

と答える。

「ええ列車!?　じゃあ無理だね」と絶句。

なにも買わないのもなんだから夜の「日本海」での酒の肴にと鯨ベーコンと刺身を購入、おなかが空いてきたので、市場内にあるカウンター食堂で「ウニ・いくら丼定食」を注文、空は見えなくなったが、元の青森の朝市そのままの雰囲気で食べるのは格別である。その後、浅虫《あさむし》温泉の立ち寄り湯で疲れをとった。

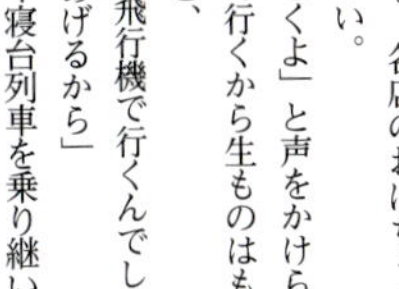

「はまなす」を降りて青森生鮮市場のカウンター食堂で「ウニ・イクラ丼」と焼き魚を注文。

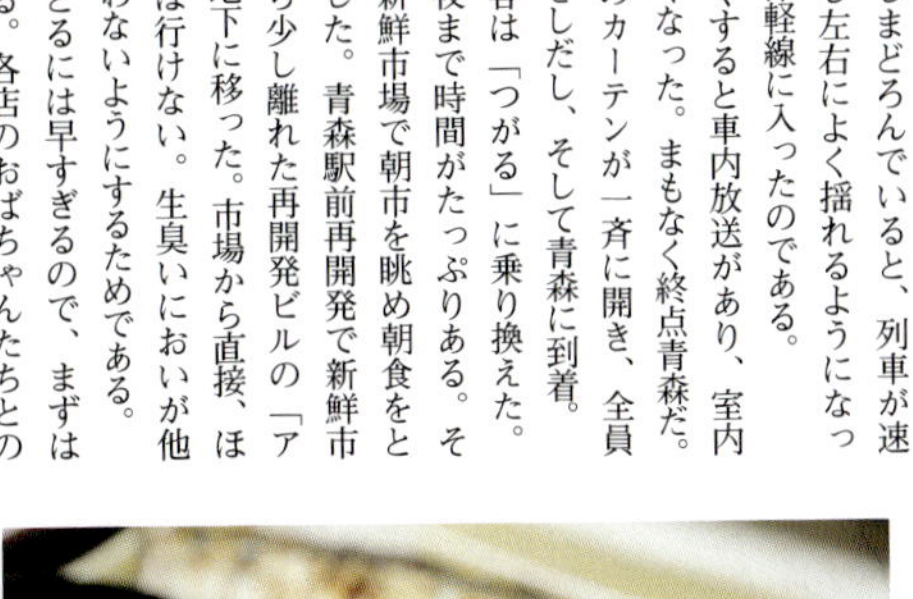

たっぷり入ったイクラとウニ、生鮮市場の食堂だから新鮮で美味い。

（上）夜が明けて敦賀―新疋田間のループ線を走る「日本海」。半周してトンネルを出ると敦賀市が一望できる。（右）Ａ個室寝台のベッドは肘掛付きの座席使用ができ、左端のモニターでビデオを楽しめ、またベッドの通路側半分は電動で跳ね上げて背もたれにできてくつろぎながら車窓を眺められる。

川島流の寝台特急の食事。おかずが多い青森味づくし駅弁は酒の肴に最適。市場で買った鯨ベーコンと中トロも並べる。お酒はカップ氷にワンカップ焼酎を最初は半分程度入れて酎ハイで割る。

3・4日目 青森～大阪

●寝台特急日本海4号

発	
19:33	青森
20:16	弘前
20:28	大鰐温泉
20:59	大館
21:16	鷹ノ巣
21:43	東能代
22:34	秋田
23:11	羽後本荘
0:06	酒田
0:30	鶴岡
4:00	直江津
着	
4:29	糸魚川
5:08	魚津
5:28	富山
5:45	高岡
6:16	金沢
6:58	加賀温泉
7:25	福井
8:07	敦賀
9:40	京都
10:17	新大阪
10:23	大阪

「まりも」「はまなす」ではカーテン1枚で仕切ったB開放寝台なので、他の人に迷惑をかけないよう、いろいろと配慮が必要だ。「日本海」ではA個室寝台にしたので、個室内では割りに自由に過ごせる。もっとも青森発の「日本海」は2号と4号があり、2号は同じA寝台でもカーテンで仕切る開放寝台なので、やはり他人への配慮は必要である。

4号は青森を19時33分に発車し、大阪には10時23分の到着と、昼間の走行時間が長く車窓を楽しめる時間もたっぷりある。

4号はJR西日本所属の車両で構成され、A個室寝台は先頭の機関車の2両目に連結される荷物・電源車がある。

A個室寝台にはTVモニター、AV装置、洗面台があり、B寝台よりもベッドは幅が広い。専用のシャワー室も完備していて、B開放寝台と天と地の差がある。しかし、他の乗客と談笑はできない。

個室だからといってAV装置のボリュームをいっぱいにするわけにはいかない。JR西日本のA個室寝台は2室ペアで1室にできるように隣との仕切りに扉があり、そこから隣へ音が漏れるからだ。TVモニターには、「他室への配慮をお願いします」と張り紙がしてある。なお、特急「北陸」のA個室寝台は、JR東日本所属で隣の部屋への扉や電動のベッドせりあがり機能はない。

枕、シーツ、毛布、浴衣がセットされているのはB寝台と同じだが、そのほかにアメニティグッズ一式と持ち帰り自由のスリッパも置かれている。

さて、個室に入って、まずはエアコンをオンにし、さらに換気スイッチを押してタバコに火をつける。「まりも」も「はまなす」もオール禁煙で我慢を強いられた身にとっては天国である。とはいえ狭い個室だから煙が立ち込める。換気スイッチはそのためにあるといえる。

車掌が検札に来た。普通乗車券をチェックすると「へえー長崎まで」と驚かれる。それとともに個室のカード式キー、シャワーカードが手渡され、

「長崎までお気をつけて」と車掌氏。

その後シャワーを浴びに行った。お湯が出る時間は4分、短いと思われるがそ

寝台特急日本海

営業キロ　1023.4

運行時刻　【下り】1号大阪17:47発―青森8:32着（14時間35分）／3号大阪20:17発―青森11:48着（15時間31分）【上り】2号青森16:45発―大阪7:12着（15時間27分）／4号青森19:33発―大阪10:23着（14時間50分）

料金など　A寝台シングルDX1万6500円／A寝台下段1万3650円／B寝台2段式9450円など

車内販売　1号の大阪―福井、東能代―青森、4号の福井―大阪であり。ほかはなし

朝焼けの琵琶湖をバックに走る。きらきら光る湖面が美しい。

日本海を右手に見ながら個室寝台で15時間、大阪へ向かう

れで充分である。いつも思うことだが、走行中の列車でのシャワー浴びは難しい。とくに単線の行き違い駅でポイントを渡るときのショックで体が壁に当たる。

シャワーを浴びた後、ビデオを見ながら青森の駅弁、それに刺身と鯨ベーコンで一人宴会を行い、いつしか寝入ってしまい、気がつくと直江津付近。ビデオを見ると寝入ったころのシーンを再び流している。夜中じゅう繰り返し再生しており、間のいいときに起きたのには感心する。ちょうど海辺を走っているので、ベッドを起こして車窓を眺める。

福井に到着、ここから車内販売がある。通路側の扉を開け、車販さんが来るのを待つ。とすると荷物室側から来るではないか。もう使われていない荷物室を車販基地に使っているのである。

「笹ずし」を購入。「日本海」では朝食の心配をしなくてすむのがありがたい。

その先、敦賀のループ線、琵琶湖と眺めのいいところを走るが、通路側である。「日本海」のA個室は編成の端にあるから、通路を人があまり通らない。だから扉を開けっぱなしにしても気にはならない。大阪までずっと扉を開けておいて左右の景色を楽しんだ。

4・5日目 大阪〜長崎

●寝台特急あかつき

発
20:02 京都
20:35 新大阪
20:47 大阪
21:11 三ノ宮
21:55 姫路
23:02 岡山
23:16 倉敷
23:50 福山
0:07 尾道
0:21 三原

着
4:22 下関
4:36 門司
4:49 小倉
5:04 黒崎
5:52 博多
6:17 鳥栖
6:52 佐賀
7:05 肥前山口
7:17 肥前鹿島
8:12 諫早
8:55 長崎

京都駅であかつきを見送る女性。あかつきもシンデレラエクスプレスである。

レガートシートは独立した一人掛け座席が横に3列、しかも中央列は半分ずれていて隣の座席の目線を気にしなくてすむ。

（上）かけ紙がレトロ調の「大阪戎弁当」ちらしずしに、おかずとして揚げ物、煮物、焼き物などがはいっていて美味しい。（下）反対側に通勤帰りの人々が乗る新快速が発着しているのでホームはごった返している。それを天と地ほど違う、ゆったりしたA個室寝台の車窓から眺める。

寝台列車による日本縦断の最後の列車である。これもA個室寝台を利用した。「あかつき」のA個室寝台もJR西日本の所属で「日本海」と同じ造りである。今回はお隣さんに断って二つの部屋の間を行き来できるようにしてみた。両方の部屋側に鍵があり、両方を開錠しないと扉が開かないようになっている。行き来できるようにすると結構広い。

「あかつき」はA個室のほかにB個室寝台も連結されている。しかも一人用のソロのほかに二人用のツイン、それに一人用だが、補助ベッドが上段にあって二人使用もできるシングルツイン、もちろんB開放寝台もある。最後部は一人掛け座席のレガートシート車も連結されている。

京都—鳥栖《とす》間では熊本行きの「なは」と併結する。「なは」にはB二人個室のデュエットとソロがある。「なは」のソロは「あかつき」のソロよりやや狭くなっている。まるで夜行列車の見本市みたいにバリエーションに富んでいる。

大阪駅では夕食の入手はやりやすい。駅弁のほかに駅中には高級スーパーマーケットもあり、隣接している阪神、阪急百貨店のデパ地下でも入手できる。しかし、カップ入り氷を売っているコンビニは近くにないのが難点である。

駅弁の「大阪戎《えびす》弁当」を買い込み、通勤ラッシュでホームに人が溢れている中で「あかつき」の入線を待つ。やがて「日本海」がやってきて乗り込む。大阪では6分停車する。A個室に身を置き外を眺めると反対側の線路に姫路行き新快速がやってきた。中はすし詰めの満員状態、こちらはゆったりした個室に座ってタバコをくゆらしている。双方、まったく別の世界の出来事のようである。

三ノ宮を過ぎ、神戸の街の灯が見えなくなると海辺を走る。しばらくするとライトアップされた明石海峡大橋が見える。そしていつしか寝入ってしまった。

いつもそうだが、心地よい走行音が子守唄代わりになっている。だから、長く停車すると目が覚めてしまう。今回も急に静かになった。外に目をやると下関であった。ここで関門トンネル専用の機関車に付け替えるため7分停車する。それ

寝台特急あかつき

営業キロ　836.9（京都発で）
運行時刻　【下り】京都20:02発—長崎8:55着（12時間53分）【上り】長崎19:47発—京都7:53着（12時06分）
料金など　A寝台シングルDX1万6500円／B寝台シングルツイン1万2320円／同ツイン2万2620円／同2段式9450円／レガートシート3660円
車両／車内施設　レガートシート車両連結（女性専用席あり）、談話室、カード式公衆電話あり
車内販売　なし

「あかつき」は肥前鹿島の先から有明海に沿って走る。海の向こうに雲仙岳が望める。

4泊5日、2700キロの旅は西の終点・長崎駅で達成する

で目を覚ましてしまった。関門トンネルを出た門司でも6分停車する。しかし、長旅の疲れか再び寝入って門司《もじ》停車は気づかなかった。

次に目を覚ましたのは博多の手前の香《か》椎《しい》を通過したところ。その後は鳥栖に停まるまで車窓を楽しんだ。鳥栖で「あかつき」と「なは」は切り離しをするので、それを見に行く。切り離しで鳥栖で17分停車して発車、旅の終点が近づいてきた。肥前鹿島《ひぜんかしま》の先で有明海沿いを走る。海の向こうに雲仙岳が見える。そうこうするうちに諫早《いさはや》を過ぎ、もう長崎は間近である。だが、市布《いちぬの》で後発の「かもめ」に抜かれ、現川《うつつがわ》で対向の「かもめ」と普通と行き違いをする。だから諫早―長崎間は普通よりも遅い42分もかかる。

ようやく長崎に到着した。東根室から約2700キロを走破した。長崎は西の端ではないけれど、幹線では最西端である。連続4回も寝台列車に乗るのは当然はじめて。体調を悪くするかと思っていたが、きわめて良好、乗る列車それぞれで隣り合わせた人や車掌氏との対話は楽しく、日本縦断はあっという間だった。

長崎ではいつものように駅前食堂で朝食をとろうと思ったが、その駅前食堂は閉店してしまっていた。今や貴重になった駅前食堂の一つがまたなくなってしまった。それだけが心残りである。

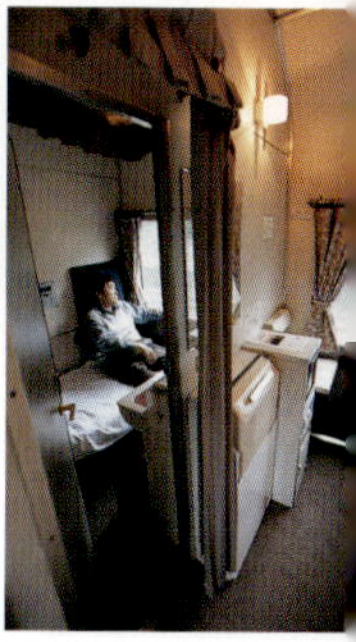
（右）A個室寝台の隣との扉を開けるとかなり広くなる。カップル利用に最適。（上）鳥栖で「なは」と切り離される。切り離し作業の間に特急「リレーつばめ」が追い抜く。左は鳥栖スタジアム。

（左）寝台列車4列車を乗り継いで長崎に到着。長旅だったが疲労感はない。（右中）長崎駅は改良され、駅前広場には大きな吹き抜け屋根がある。（右下）根室ー長崎間の普通乗車券には釧路や青森、大阪で途中下車印、それに車内改札印が押され、終着長崎では桜マークの乗車記念印が押された。その下の右側は日本海とあかつきのカードキーとシャワー用カード。

撮影／佐々倉実（鉄道写真どっとネット）　写真／真島満秀写真事務所、レイルマンフォトオフィス

九州特急の思い出を語る【東京～熊本】18時間紀行

レイルウェイ・ライター

種村直樹流「はやぶさ」の愉しみ方

ブルートレインが登場して半世紀。今も東海道の旅路を守る元祖ブルートレイン『はやぶさ』に乗って、種村直樹さんがその魅力を語った

東京駅10番線ホームには、今日も17時40分きっかりに12両編成の青い列車が入ってきた。寝台特急『富士／はやぶさ』。『さくら』『あさかぜ』など、国鉄の看板列車だった九州行き寝台特急の系譜を受け継ぎ、今も西を目指す伝統の特急列車だ。『カシオペア』『北斗星』『トワイライトエクスプレス』トリオの豪華寝台特急の影に隠れてはいるが、ひたむきに走り続ける『はやぶさ』を愛する人は多い。

『はやぶさ』は、大分行き『富士』に併結されて、東京から名古屋、大阪、広島、博多と日本の大動脈を走破する。ＪＲ東日本、東海、西日本、九州と４社も経由する唯一の列車でもある。門司駅で『富士』を分割・併合する。東京～熊本間運賃・料金は3万1200円（シングルデラックス）、2万4150円（B寝台ソロ／B寝台）

夕闇迫る東京を今日も『富士／はやぶさ』が旅立つ。列車を愛する旅人たちの想いを乗せて……。

HAYABUSA

時代は変わっても、汽車旅の旅情は色あせない 種村さんに聞く、九州ブルートレインの想い出

「かつて九州特急と呼ばれたブルートレインには、これまで60回以上乗りました。やはり、ブルートレインと言えば九州行き、という思い入れはありますね」

半世紀余にわたり、日本の鉄道を見つめてきた、レイルウェイ・ライター種村直樹さん。今回、種村さんが旅をするのは、東京と熊本を結ぶ〝元祖ブルートレイン〟『はやぶさ』だ。

種村さんの今夜のベッドは、A寝台個室シングルデラックス。JRの数ある個室寝台の中でも現存する最古参の寝台で、「国鉄」の香りが今も漂う。シンプルなインテリアの室内は、広くはないが天井が高く、防音もしっかりしていて落ち着ける。

18時03分、『はやぶさ』は、大分行き『富士』と共に静かに東京駅を出発した。

「初めて九州ブルートレインに乗ったのは、新婚旅行の帰りでした」

東京のネオンをバックに、九州ブルートレインの思い出を語っていただいた。

「昭和35年、列車は下り『さくら』でした。当時は寝台特急にも座席車があって名古屋~京都間だけ乗ったんです。国鉄最新鋭の20系客車で、通路より一段高くなっている座席に風格を感じました」

その後、フリーになった種村さんは、鉄道専門誌に、数々のルポを執筆した。

「『はやぶさ』にも10回以上乗車しましたが、初めて乗ったのは、1975年3月、東海道・山陽新幹線博多開業を取材した帰りのことです」

当時の種村さんの思い出には、よく食堂車が登場する。

「若い読者と飲みながら、閉店まで学生時代の旅を語ったんです。千鳥足で帰ろうとしたら、ウエイトレスが、〝たくさん召し上がっていただき、ありがとうございました〟と……。そんな想い出があるのも、食堂車があったからこそですね」

時は流れ、東京から九州へは飛行機の利用が一般的になったが、今も旅情を求めてブルートレインの旅を選択する人は多い。「一度、子供を『はやぶさ』に乗せたかった」という家族連れが、B寝台で楽しそうにお弁当を広げていた。

たねむらなおき
1936年（昭11）、滋賀県生まれ。毎日新聞記者を経て、1973年からフリー。レイルウェイ・ライターとして、鉄道をテーマに著作を続ける。著書に、『日本縦断「ローカル列車」を乗りこなす』（青春出版社）など。

お酒、読書…、A寝台シングルデラックスでひとり旅ならではの贅沢な時間を過ごす

冬の『はやぶさ』は、夕暮れ後に東京を発つ。軽く飲みながら、窓の外の灯りを追う。種村さんの旅には、酒のお供が欠かせない。

年季を感じさせるデッキの扉。汽車旅には、こんな手動の扉がよく似合う。

70年代の汽車旅を今も味わえる貴重なシングルデラックス。カーテンやモケットはＪＲ九州オリジナル。

シングルデラックスは、テンキー式のドアロック。窓際にあるテーブルは、跳ね上げると洗面台になる。

18時間という時間そのものが『はやぶさ』を愉しむ大きな要素

『はやぶさ』には、食堂車やシャワーなどのサービス施設が何もない。種村さんは、そんな『はやぶさ』の現状を残念としつつ、だからこその愉しみ方があると言う。「東京から熊本まで、約18時間。この時間そのものが、現代の『はやぶさ』を愉しむ大きな要素です」

ふだん生活していると、一人でゆっくり過ごせる機会は、思いのほか少ない。『はやぶさ』の個室に乗れば、翌日の昼近くまで、誰にも邪魔されずに過ごせる。

「個室を、自分の動く書斎にしてしまうんです。例えば読書。時間があったら読もうと思いながら、なかなか読めない本が、誰にでもあるのではないでしょうか。そういう本を一冊持って、個室寝台に乗る。一晩じっくりと読むことができます。僕は、昔から夜行列車に乗る時は〝ミステリーをお供に〟と言ってましてね。『はやぶさ』を舞台にした、西村京太郎さんの『寝台特急殺人事件』はいかがですか。レールの音をBGMにページをめくれば、きっと国鉄時代のブルートレインに乗っている気分になれますよ」

そう言いながら、種村さんは、かばんの中から一冊の本を取り出した。

「これはミステリーじゃないんですが」

種村さんの旧知の読者が執筆したノンフィクションだという。ページをめくる種村さんの表情は、教え子を見守る教師のようだった。

翌朝、6時53分着の徳山で、初めて車内販売が乗り込む。名物「あなご飯」と「幕の内弁当」の他、「きびだんご」などのおみやげもある。

暖かい朝日が差し込む個室で、読書を愉しむ。「車内は揺れますから、なるべく文字の大きな本が良いですね」

「活字に触れ、少し喉を潤すと、夜景が何倍もきれいに感じられます」

徳山の「あなご飯」は種村さんもお薦めの逸品。「余計なおかずがなく、穴子もしつこくないので、朝食に最適です」

目が覚めたところで、原稿を書いてみる。「普段書く機会のない人へ、手紙を書いてみるのも良いですね」

「こんな風に活字に触れ、少し喉を潤して窓の外を眺める。すると、なんでもない夜景が何倍にもきれいに感じられます」

東京を発車した頃、次々と個室を照らしたネオンの灯りも、読書に疲れる頃には、ほとんど見えなくなっている。旅に出たことを実感する一瞬だ。

室内灯を消し、暗闇の中、窓の外をぽつんぽつんと流れる灯火を眺める。夜行列車の、それも個室寝台にだけ与えられた特権だ。

豪華な列車は、食堂車だロビーカーだと、ともすれば慌ただしくなりがちである。誰にも邪魔されず、ゆったりと過ごす一夜は現代の贅沢とも言える。

「個室に疲れたら、車内を歩いてみましょう。最後尾からは、後方の景色を見られてちょっとした展望室の気分です」

〝展望室〟から後方に伸びるレールを見つめるうちに、時刻は21時。

『それでは車内の灯りを、少し暗くします。ごゆっくり、お休みください……』

車掌のお休み放送が終わると、車内にはレールの音だけが響いていた。

シングルデラックスで見つけた、懐かしい「国鉄」の面影

二度の改装を経たインテリアには今も国鉄の香りが色濃く漂う

国鉄末期の看板設備だったA寝台個室。壁などは改装されているが、調度品やリネン類を観察すると、国鉄の面影があちこちにある。ヘッドマークをプリントしたタオルは、おみやげに持ち帰れる。

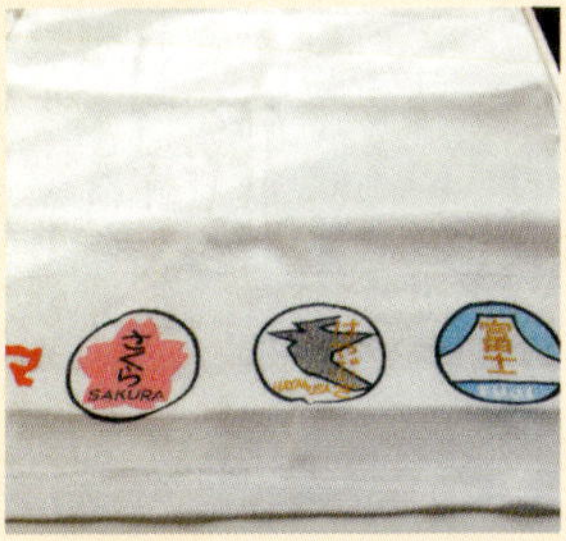

記念品の手ぬぐいにプリントされたヘッドマークは、EF65型機関車が牽引していた国鉄時代のもの。

A寝台の通路に備え付けられた靴ブラシ。かつて紳士の列車だった名残。

個室内には灰皿も。個室で喫煙できるのも国鉄型車両ならでは。

「九鉄リネン」の文字が郷愁を誘う。浴衣も国鉄時代と同じ「エ」マーク。

下りの「はやぶさ」ならではの眺望 明け方の瀬戸内海の車窓に感動！

小さな入り江の奥にも漁港がある。集落ごとに、少しずつ表情が異なる。戸田付近にて。

朝靄は、瀬戸内の風物詩。シルクのような靄が田畑を覆い、幻想的な車窓となる。

冬の瀬戸内の朝は遅い。柳井が近づく頃、ようやく明るくなってきた。

広島を発車して阿品駅から柳井までが、最も瀬戸内海がよく見える。周防灘の朝焼けを見ながら走る『はやぶさ』。

朝の景色を眺めるなら シングルデラックスがおすすめ

ベッドから外を見ると、空がかすかに白んでいた。列車は瀬戸内海に沿って走っている。ぽつん、ぽつんと貨物船の灯りが見え、大きな橋をくぐった。山口県の大畠と周防大島を結ぶ、大島大橋だ。

「やあ、おはようございます。冬は朝が遅いですね。夏なら広島辺りで明るくなります。窓のすぐ下に大野浦が広がり、宮島も見えます。いかにも日本らしい、島や入り江が入り組んだ瀬戸内を見ながら迎える朝は、『はやぶさ』ならではです」

周防灘をぐるりと回ると、いったん海を離れて市街地に入り、柳井到着。だいぶ冷えているらしく、田畑には朝靄が立ちこめている。

「この辺りの海は、ずっと見えるのではなく、ちらっ、ちらっと近づくのがいいですね。個室から、こうした海を眺めるなら、やはりシングルデラックスがお勧めです。ソロは部屋が山側にあり、瀬戸内海の景色を愉しむには廊下に出なくてはなりません」

すっかり明るくなり、左手に巨大な石油コンビナートが見えてくると徳山だ。

「このコンビナートを見ると、はるばる来たな、と思います」

徳山からは車内販売が乗務。種村さんは顔馴染みというおばさんから、徳山名物の「あなご飯」を買い込む。ふっくらした穴子を愉しむうちに新山口到着。本州の旅も終わりが近づいてきた。

関門トンネルを越えて、九州へ
機関車交換を眺めるのも汽車旅の醍醐味

鹿児島本線を走る『はやぶさ』。昔ながらの『はやぶさ』だけのヘッドマークは、今や九州内でしか見られない。

門司駅

門司駅では、機関車交換と同時に大分行き『富士』との分割作業も行われる。

門司駅

関門トンネルを抜けると、ED76型交流電気機関車が登場。九州の寝台特急の顔だ。

下関駅

EF81型は、大出力・交直両用の万能電気機関車。国鉄時代から全国で活躍してきた。

下関駅

約1000kmを走破したEF66と分かれ、耐塩加工が施されたEF81型411号機に付け替え。

国内初の海底トンネルを抜け、ラストスパートへ

8時33分、本州最西端の駅、下関駅に到着。東京から『はやぶさ』と『富士』を牽引してきたEF66型直流電気機関車は、ここでその役目を終え、関門トンネル専用の電気機関車、EF81型411番車に付け替えられる。そのため下関駅では5分停車する。

「最近の列車は、停車時間が短くなってしまい、こうしてホームに降りて気分転換できる機会も減りました。下関駅は良いですね。長いホームに、かつて終着駅だった頃の面影が残っていて、汽車旅らしい雰囲気を味わうことができます」

作業服を着た係員が手際よく連結器を操作し、機関車を切り離す。こうした機関車付け替え作業を見られる列車も、今ではほとんどないそうだ。

下関駅を発車すると、列車は運河のような小瀬戸を越える。

「関門海峡まで来て、初めて右側に海が見えます。本州の一番端まで来たんだということを実感できる瞬間です」

間もなく列車は、関門トンネルに入った。昭和17年(1942)に開業した、国内初の海底鉄道トンネルだ。3614mのトンネルを抜けると、そこは九州。門司駅で大分行きの『富士』を切り離し、EF76型交流電気機関車に付け替える。終着熊本まであと3時間。『ソニック』や『かもめ』など、JR九州の最新鋭電車に囲まれて、ベテラン客車特急『はやぶさ』は、ラストスパートに入る。

東京〜熊本間の停車駅で買える、駅弁の愉しみ

8:33着	6:53着	18:03発
下関駅	徳山駅	東京駅

「ふくめし」

下関の名物弁当。冬季限定で、ふぐの唐揚げと蟹爪、ふぐの一夜干しがご飯の上に載っている。ふぐの弾力ある食感を愉しめる。

ふぐをあしらったユーモラスな容器がトレードマーク。1300円。

「あなご飯」

自家製"あなごだし"で炊きあげた穴子に、醤油ベースのタレで焼いたシンプルな駅弁。しつこさがなく、朝食にもぴったり。

包みもシンプル。売り切れる前に、車飯を探して買おう。920円。

「極附弁当」

日本レストランエンタープライズが「日本ばし大増」と共同で作り上げた究極の駅弁。二つの重に20種類以上の料理が詰まる。

「極附」は、歌舞伎用語で「究極」を意味し、包みも歌舞伎をイメージ。

桔梗色の風呂敷に包まれた弁当は、1日70食限定、3800円。

『はやぶさ』編成図・車両案内

同じ料金を払うなら、B寝台でも個室のソロ

現在の『はやぶさ』は、門司駅までは大分行き『富士』に併結されている。編成は『はやぶさ』、『富士』共に6両ずつで、いずれもA寝台個室のシングルデラックスとB寝台個室のソロが各1両、2段式B寝台が4両という構成だ。食堂車やロービーカー、シャワーなどは連結されていない。

車両は、途中で分割・併合を行うため、床下に発電機を備えた分散電源方式の14系15型を使用している。シングルデラックスは、集中電源方式の24系25型を改造したもの。どの車両も製造から30年前後が経過しており、洗面所などは長年使い込まれたレトロな味わいを感じられる。

3種類の寝台のうち、一番人気はB寝台個室のソロ。2階建ての個室だが、料金は通常のB寝台と同じで、お値打ち感がある。昔ながらの開放型B寝台も、2段式なのでスペースに余裕があり、グループにお薦め。ただし、朝は6時から車内放送が始まり、下松駅からは寝台券がなくても乗車できるので、朝寝坊したい人は、やはり個室がいい。

『はやぶさ』編成図・車輌案内

はやぶさ、富士の編成図

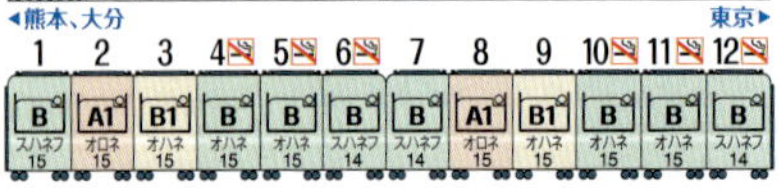

はやぶさ（熊本 下り 東京）
富士（大分 上り 東京）

はやぶさ（熊本 上り 東京）
富士（大分 下り 東京）

2 8 A寝台【シングルDX】／一人用個室（14室）

3 9 B寝台【ソロ】／一人用個室（18室）

2階＝偶数
1階＝奇数

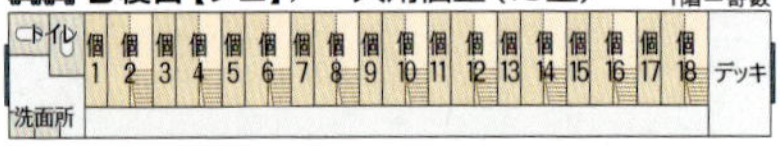

1 4 5 6 7 10 11 12 B寝台／二段式（34席）

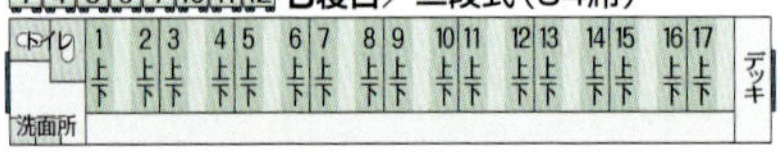

『はやぶさ』に連結されている車両は3種類とシンプル。14系15型客車は、昔ながらのブルートレイン用車両としては最後に開発されたタイプで、『あかつき』、『さくら』などに使用されてきた。

8:46着 門司駅 伝承小倉の「かしわめし」

鶏肉の人気が高い北九州の名物駅弁。鶏と昆布などで炊き込んだご飯の上に、鶏肉と錦糸卵、海苔を敷き詰め見た目もカラフル。

小倉駅でも買える。680円。高級版の「特製かしわ飯」890円もある。

11:48着 熊本駅 「殿様弁当」

熊本出身の細川護熙総理(当時)の就任を記念して発売された駅弁。辛子蓮根や馬肉の煮物など、熊本名物がいっぱい詰まった幕の内だ。

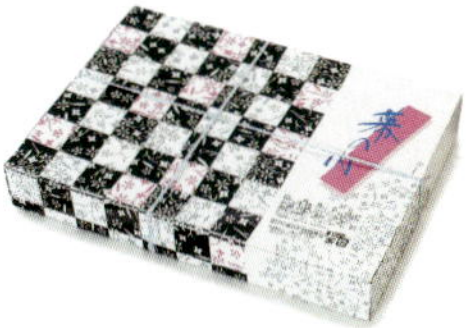

いかにも殿様の弁当というような高級感ある包み。1050円。

美味しい駅弁とお酒が『はやぶさ』の旅を左右する

　その土地の名物駅弁を食べるのは、旅の大きな愉しみのひとつ。東京駅の極附弁当の包みを開いた種村さんは、「一生懸命作っているなあ」とつぶやいた。

「最近の駅弁は、とても美味しくなりました。料理はもちろんですが、僕は特にご飯が美味しくなったと思いますね」

　食堂車のない『はやぶさ』では、駅弁が旅の愉しさを左右する。そこで、上手に駅弁を愉しむコツをうかがった。

「夜は車内販売もないので、必ず乗車前に駅弁などを買っておく必要があります。グループならいろいろな駅弁をひとつずつ買って分けると良いでしょう。朝、車内販売で売られる〝あなご飯〟は人気が高いので、席で待たずに買いに行った方が確実です。駅弁だけでなく、東京駅の大丸地下でおつまみを買ったり、地酒のワンカップを用意しておくと、愉しみが増えると思います」

　乗車前の周到な準備が、『はやぶさ』の愉しみを大きく左右する、と言えそうだ。

下り『はやぶさ』全ルート

東京駅	18:03発	柳井駅	6:23発
横浜駅	18:28発	下松駅	6:45発
熱海駅	19:35発	徳山駅	6:53発
沼津駅	19:53発	防府駅	7:17発
富士駅	20:08発	新山口駅	7:33発
静岡駅	20:36発	宇部駅	7:56発
浜松駅	21:30発	下関駅	8:38発
豊橋駅	21:56発	門司駅	8:58発
名古屋駅	22:47発	小倉駅	9:06発
岐阜駅	23:08発	博多駅	10:13発
京都駅	0:37発	鳥栖駅	10:36発
大阪駅	1:08発	久留米駅	10:45発
広島駅	5:21発	大牟田駅	11:10発
岩国駅	5:58発	熊本駅	11:48着

上記のほか、米原駅と岡山駅で乗務員交代のために、鹿児島本線赤間駅では『ソニック8号』の通過待ちのために停車する。ドアは開かず、乗客の乗り降りはできない。

はやぶさ
昭和33年(1958)10月1日、鹿児島本線経由の、東京～鹿児島間で運行開始。昭和35年(1960)7月20日から元祖ブルートレインの20系客車を使用し、東京～西鹿児島間を結んだ。現在は、熊本止まりで、東京～門司間は『富士』と併結運転。定期列車としては最長距離を走る。
走行距離1317.9km、総運転時間17時間45分。

施設（その他）

2・8号車にはソフトドリンクの自動販売機が設置されている。

自動販売機の前には、今や珍しいカード式の公衆電話もある。

古き良き国鉄を感じさせる、レトロなB寝台の洗面所。

B寝台

通路には折りたたみ式の椅子があり、車窓を眺めるのに便利だ。

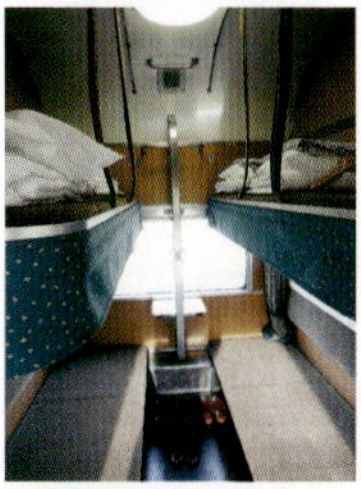

寝台車と言えばやはりB寝台。グループ旅行にはこちらが便利。

B寝台ソロ

2階室は窓が高く見晴らし抜群。『はやぶさ』で最も人気が高い。

こちらは1階室。プライバシーもしっかり守れ、お値打ちだ。

 取材・文／栗原 景、撮影／米屋浩二、写真／レイルマンフォトオフィス、真島満秀写真事務所、結解 学

北斗星、あけぼの、北陸、サンライズetc…

全国
個室寝台列車を
完全乗り比べ

カシオペア、トワイライトエクスプレス、日本海を含め、
全国に個室寝台列車が全部で12本ある。
それぞれに特色があり、その特徴が表れるのが寝室である。
各列車の寝室を詳細イラストで説明して、
車内の施設、車窓など、寝台列車のひと夜の物語を紹介しよう。

朝焼けを浴びて、疾走する北斗星。
夜行列車ならではの風景は格別なもの。

写真／真島満秀写真事務所

北斗星

北斗星

上野駅（東京都）〜札幌駅（北海道）／1227・2km

夢と憧れを乗せて、一路北の大地へ。窓は東京の星空からドラマチックな大自然へと変化する。

すっかり豪華列車の代名詞となった「北斗星」。1988年3月、青函トンネル開通とともに、本州と北海道を結ぶ初めての寝台特急としてデビューしてから19年経つが、今もその人気は衰えていない。「豪華列車の頂点」という意味では、オールA寝台個室の「カシオペア」にその座を譲ったが、伝統あるブルートレインの重厚感、豪華列車の先駆けとして誕生した誇りと気品など、「北斗星」ならではの魅力もある。

鉄道写真家の諸河久さんは、「北斗星」の魅力について、

「何といっても、食堂車があることが最大の魅力ですね。列車の中で、ファーストフードではなく、時間をかけて作られた料理をいただく贅沢を味わっていただきたい。列車の中で、いただく食事というのは、車窓を眺めながらの、いわばディナーショーともいえます。ちょうど食事のころ、下りですと黒磯の辺りで日が暮れ始め、素晴らしいディナーショーの幕開きとなります。食堂車まで、自分の個室から何号車両分か車内を歩いていくのが、また楽しいのです。ここでは他の乗客と会釈を交わすことが多い。同じ列車に乗るクルーであるという仲間感覚が自然に湧いてきます。一期一会の触れ合いも楽しみのひとつですね」

と話す。

「北斗星」の編成は、大きく分けて二種類ある。上野発の下りの場合、先に発車

大きくカーブを描きながら北海道の大沼付近を駆け抜ける「北斗星」。バックにそびえるのは雄大な駒ケ岳。

A寝台個室「ロイヤル」。室内に洗面台やシャワー、トイレもありまさに走るホテル。一部の車両では天井に絵が浮かぶ設備も。

する「北斗星1号」は、最後尾の電源車、食堂車を除く10両のうち8両が個室寝台の車両である。また、残りの2両はB寝台をベースとした4人用の簡易個室「Bコンパートメント」にもなり、まさにプライベートな空間の確保を重視した編成だ。6号車にはB寝台個室「ソロ」だけでなく、ソファーが並べられた「ミニロビー」とシャワー室がある。

一方、後で発車する「北斗星3号」は、電源車、食堂車、ロビーカー以外では、8〜10号車の4両が個室寝台で、その他は一般的な開放式（ベッドの周りをカーテンで仕切るタイプ）B寝台となっている。個室寝台が少ない分、1号の「ミニロビー」より広い「ロビー」とシャワー室があるロビーカーが連結されている。

16時50分。発車ベルが鳴り響いた後、「北斗星1号」はゆっくりホームを離れる。列車の先頭に立つのは、EF81形電気機関車。牽引するブルーの客車とは対照的に明るいレッドの塗装。まるい「北斗星」のヘッドマークを前面に掲げ、側面には大きく弧を描く流れ星が描かれている。うなりを上げる機関車に続いて客車が次々と上野駅を離れて行く。

始発の上野駅でホームに向って一礼する食堂車のアテンダントたち。豪華な旅を楽しみにして来た人々を暖かく迎える。

まだ明るい夕方。出張や行楽から帰るにはちょっと早いような微妙な時間。行き交う通勤電車、窓越しに流れる東京の街並み。それらを自分だけの個室から眺める。楽しい非日常の幕開けだ。

「北斗星」の中でも最高級の個室「ロイヤル」。その利用者には、発車後「ウェルカムドリンク」というアルコール類が配られる。流れる車窓を横目に「どれを飲もうかな？」と迷うのはとても贅沢な時間だ。

食堂車「グランシャリオ」の予約制のディナータイムは、「北斗星1号」では2回ある。始まりは1回目が17時30分、2回目は19時10分で、メニューはフランス料理のコースと懐石御膳がある。利用の

発車後、「ロイヤル」の利用者に届けられるウェルカムドリンク。旅のはじまりを祝福してくれるうれしいサービスだ。

オレンジの照明とダークブラウンの壁が織りなす落ち着いた雰囲気の廊下。個室のドアがずらりと並ぶ。

予約制のディナータイムを楽しめるフランス料理のコース。アテンダントが乗客のペースに合わせて配膳してくれる。

和食がいいという人のために懐石御膳（北斗星風）もある。食事の最後にはデザートとして甘菓子が出される。

2人掛けと4人掛けのテーブルが並ぶ食堂車「グランシャリオ」。写真はテーブルに紅のランプシェイドがあるJR北海道所属の車両。

際には、乗車3日前まで「みどりの窓口」などでの予約が必要だ。なお、「北斗星3号」は上野発が19時3分とおそいため、ディナータイムは19時45分からの1回のみとなっている。

「北斗星1号」のディナータイムの終わ

（左上）テーブルにあるワインリストからお気に入りを選び、つまみとしてソーセージの盛り合わせなどを注文。（右上）アルコールが苦手という方にはコーヒーを。（左下）かつては食堂車の定番メニューだったビーフシチューもある。（右下）寝る前にちょっと食べたいという方のためのクリームパスタ。

ホームから見た食堂車「グランシャリオ」の室内。写真はガラスのランプシェイドがテーブルに並ぶJR東日本所属の車両。

りは、仙台停車前の21時ごろ。その後は23時までパブタイムとなる。ディナータイムの存在はよく知られているが、実はパブタイムの充実度もかなりのものだ。ディナータイムの予約がとれなくても軽い食事がとれ、様々なドリンクも楽しめる。テーブルのワインリストからお気に入りをセレクトできるのも魅力の一つ。これでつまみを注文し車窓を眺めながらグラス片手に旅に酔い、ベッドに戻れば夢心地。ラストオーダーは22時30分だ。

「ワインやビールの銘柄は、時期や販売区間によって変えています。また、バレンタインデーやクリスマスには、特別にシードルをお届けしたりしています」

と日本レストラン（NRE）の上野営業所所長の本郷順子さんが教えてくれた。

全長53.8kmの世界最長の青函トンネルを通過。湿度が90%以上と高く、突入した瞬間にうっすら窓が曇る。

客車のヘッドマーク。「北斗星」という愛称は、北斗七星と北極星の組み合わせともいわれる。

深夜2時過ぎ。青森駅の横の信号所に停車し、先頭の機関車が青函トンネル専用のED79形電気機関車と交代する。以前は青森駅に入線して進行方向を変えていたが、2006年3月のダイヤ改正で信号所経由になって向きが変わらなくなった。上野～青森間で編成の向きが以前と逆になったのはこのためで、前とは個室の車窓も変わっている。

この先、青函トンネルに入るのは深夜3時ごろ。53・85㎞の世界最長トンネルを40分弱で通過する。深夜なので案内放送はないが、北海道に向かう上でできれば見ておきたい。「北斗星」はこの海底トンネルの完成で誕生したのだから。

4時33分。うっすら明るくなった函館駅に到着。ここでまた機関車が交代し、進行方向が逆になる。列車の先頭に立つのは、ブルーの車体に金色の帯をきりりと締めた2両のディーゼル機関車だ。

北の大地の道中は、見所が多い。せっかく豪華列車に乗っているのだから、絶景ポイントは見ておきたい。アテンダントの中には、車窓の見所を熟知した案内の達人がいる。NREの上野営業所の塩谷聡さんは、

「名所の見える区間、角度は、車内販売の経験から暗記しています。すばらしい車窓を乗客の皆様にも堪能していただきたい。食堂車に居合わせた方には『洞爺

列車の先頭は、函館で電気機関車から2両のディーゼル機関車にバトンタッチする。

進行方向は逆になり、札幌に向って駆けて行く。大自然の中を列車はひたすら北へ向かって進む。

本州とはどこかちがう、大らかな自然の風景の中で日の出を迎えると北の大地にやってきたことを実感。

牛がずらりと並ぶのどかな牧場の横を、列車が通り過ぎていく。その姿は牛にどう映るのだろうか（室蘭本線白老付近）。

長万部から室蘭本線に入り、内浦湾沿いに走る「北斗星」（小幌～礼文間）。山の緑にブルーの車体がマッチしている。

こちらは和朝食。品数が多いこともさることながら、洋朝食のようにフルーツがついてくるのがうれしい。

食堂車「グランシャリオ」では、豪華な朝食も楽しめる上に、洋朝食と和朝食の2種類が選べる。写真は洋朝食。

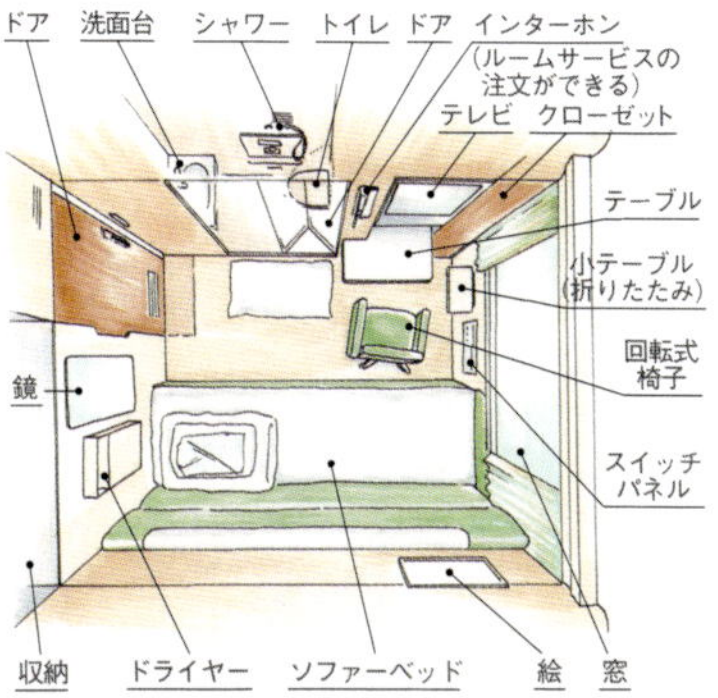

●編成

☆特急［客車］**北斗星1号、2号**

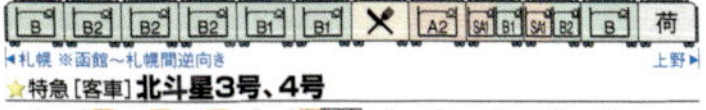

☆特急［客車］**北斗星3号、4号**

上野～札幌間（1227.2km）を、室蘭本線・千歳線経由で下り（札幌行き）が16時間28分（1号）、16時間12分（3号）、上り（上野行き）が16時間29分（2号）、15時間52分（4号）で走る。寝台料金は、A寝台個室で1人用の「ロイヤル」が17,180円、2人用「ツインデラックス」が26,700円（1室）。1人用B寝台個室「ソロ」とB寝台が6,300円、2人用B寝台個室「デュエット」は12,600円（1室）、4人用簡易個室「Bコンパートメント」（1,2号のみ）は1人あたり6,300円だ。

駅を過ぎて1分ほどで左手に有珠山の噴煙が見えてきます』とお知らせします」と話す。塩谷さんには、5年も「北斗星」に乗務していない時期があった。久しぶりに乗務したら、なんと以前「北斗星」に乗った乗客から車内で声をかけられたという。リピーターが多い列車とはいえ、驚きの再会だ。「北斗星」は設備も豪華だが、そこで働く人もまた、一流であるといえる。

食堂車「グランシャリオ」では、6時半あたりから朝食のサービスが始まる。和朝食、洋朝食を選べるようになっており、朝日を浴びた車内でディナータイムとはまたちがう雰囲気を味わえる。

牧歌的な風景から一転して高くそびえる札幌駅のタワーが見えてくると、16時間の列車の旅は終わる。でも、このまま乗っていたい。そう思うのはなぜだろう。

のどかな野原が広がっているが、札幌の街はもうすぐだ。このままもう少し乗っていたい。そう思わせる不思議な風景だ。

闇夜を疾走する寝台特急「あけぼの」。数多くあった上野〜青森間の直通列車は、現在この列車のみ。新幹線がカバーできない地域、時間帯を走り、その利便性で人気を博している。

あけぼの

★上野駅（東京都）〜青森駅（青森県）／776・2km

発車のベルが鳴れば、ひたすら列車は北へと向かう。窓いっぱいに情緒あふれる東北の風景が広がる。

上野駅の電光掲示板で、行き先に「青森」の字が表示される列車は、現在はたった1本。それが「あけぼの」だ。

かつては「上野発青森行き」という列車がたくさんあった。夜行鈍行から急行、そして寝台特急と様々な種別の多くの列車が上野と青森を直行して多くの旅人を運んでいた。

しかし、東北新幹線の延伸、山形・秋田新幹線の開業、航空網の発達によってその数は激減。唯一「あけぼの」が伝統ある「上野発青森行き」を継承している。

今では寝台列車は珍しい存在になってしまったが、「あけぼの」の人気は高い。新幹線の通らない酒田・鶴岡・弘前などの都市を経由し、東京発朝一番の秋田新幹線「こまち」より早く秋田に到着する。

しかも寝台で眠れるし、個室もある。新幹線や航空機などでは味わえない、ゆとりある旅が楽しめるのが魅力だ。「あけぼの」の魅力について、鉄道写真家の広田

編成には最大12両（電源車、機関車を除く）。A寝台個室「シングルデラックス」1両とB寝台個室「ソロ」2両。指定席特急料金と運賃で利用できる「ゴロンとシート」（8号車）も。

豪華な個室で過ごしたい人も、リーズナブルな値段で旅したい人も利用できる、懐の深い列車だ。

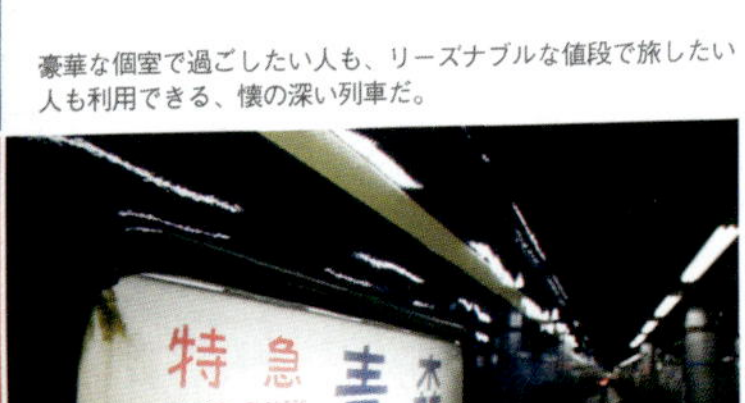

尚敬さんと広田泉さんは、
「寝台特急は大きく分けて『旅行列車』と『旅列車』の2つに分かれると思うのです。「あけぼの」は間違いなく後者ですね。車体には、町の定食屋のような心地よさがある。背伸びすることなく自分の旅ができる気がします。車窓は、単調ですが、それだけに中にグッと印象に残るものがあるのです。沿線に関しても、ガイドブックに載っているような見所はあまりない。けれども、自分で何かを発見したりするのが、旅の最大の面白さであるともいえます。そういった意味ではとても楽しめますね。とにかく長年見てきて、いつも同じような感覚で乗ることができるというのはすごい。思いついたら、すぐに乗って誰でも旅に出ることができる。時代に左右されない旅の確かな楽しみが『あけぼの』にはあります」
と語る。

地平ホーム13番線。21時45分。うなりを上げる赤い電気機関車に牽引され、列車はゆっくりとホームを離れる。明るいホームから一転、青い客車は暗い夜の空気に溶け込んでいくが、東京の夜はまだまだ明るい。街頭やネオンサインだけでなく、列車の左右両側を通勤電車がひっきりなしにすり抜け、流れ行く窓の明かりが車内に入り込んでくる。

「あけぼの」は、最大12両編成で運転されており、そのうちA寝台の個室「シングルデラックス」が1両、B寝台の個室「ソロ」が2両連結されている。どちらの個室、廊下も暖かみのある色の壁とやわらかいオレンジ色の照明で構成されており、まるで家にいるような落ち着きを感じさせてくれる。個室は4桁の数字を入力するテンキーで施錠できるようになっている。

大宮を過ぎると、街の明かりが少しずつ暗くなり、すれちがう列車も少なくなる。心地よい揺れとレールの音、時折聞こえる踏切の音。それらが、いつもとはちがう眠りに誘ってくれる。

残雪の鳥海山を背景に羽越本線を走る。寝台特急「鳥海」が走っていたが、東北本線・奥羽本線経由だった「あけぼの」が山形新幹線開業によるルート変更で上越線・羽越本線経由に。

かわいいクマのイラストが描かれた「ゴロンとシート」。B寝台のシーツ、かけ布団、枕、浴衣などの備品はないが指定席特急料金で横になることができる。カーテンを締めればプライベートな空間もつくれて着替えもできる。女性専用車も。

迫る山と棚田と日本海の間を緩やかにカーブしながらすり抜ける（羽越本線・小砂川～上浜）。場所によって日本海岸は様々な顔を見せ、乗客の目を楽しませてくれる。

山間の急勾配を避けるために新設された松原トンネルを抜ける（奥羽本線・白沢～陣場）。さらに矢立峠の長いトンネルを抜ければ、そこは青森県だ。

高崎を過ぎると、次の停車駅は村上。まだ朝とは言えない3時19分着だ。時刻表の上では村上まで4時間停車しないことになっているが、途中水上と長岡で機関士交代のため運転停車する。このとき、列車の扉は開かない。

列車名となっている「あけぼの（曙）」とは、夜明けの空が明るんできた時を示す。庄内平野を北へひた走る「あけぼの」がその時間を迎えるのは、夏至あたりでは5時ごろ。ちょうど酒田に停車するあたりだ。深い青から紫、赤へと刻々と変化する空の下、右手に鳥海山が浮かび上がり、左手の日本海の水面が輝きだす。

明るくなった6時半すぎ。上野発車から休止していた車内放送が流れ、まもなく秋田に到着することを知らせる。乗客の多くが身支度を始め、車内が少しにぎやかになる。

右手方向から秋田新幹線が通る幅の広い線路が近づいてくると、秋田だ。6時46分着。停車時間は「あけぼの」で最も長い5分。その間、多くの乗客が下車し、上野から運ばれてきた業務用の荷物が降ろされるなど、朝のホームはあわただしくなる。お待ちかねの車内販売のワゴンと販売員がここで乗車、終点青森まで車内を巡回する。

秋田を後にした列車は、平野から一転して山深い区間を通り、矢立峠を越えて津軽平野に入る。一面にリンゴ畑が広がり、左手に岩木山が姿を現わす。

津軽三味線の音による珍しい発車メロディーに見送られて弘前を出ると、終点青森はもうすぐだ。

新緑の津軽平野を行く「あけぼの」。春はりんごの花が一面に咲き、甘い香りが広がり乗客に津軽に来たことを実感させる。

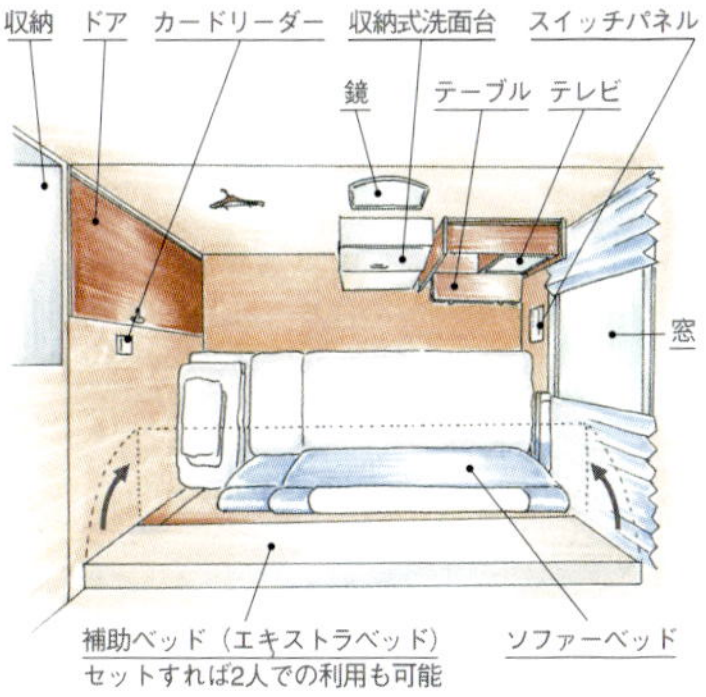

●編成

☆特急［客車］**あけぼの**

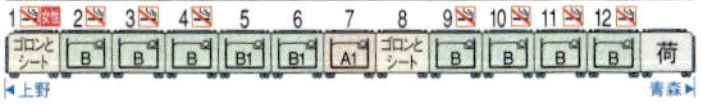

上野～青森間（776.2km）を、上越線・羽越本線経由で下り（青森行き）が12時間10分、上り（上野行き）が12時間49分で走る。秋田を中心とした東北地方の日本海側の都市と東京を結び利便を図っている。寝台料金は、A寝台個室「シングルデラックス」が13,350円、B寝台個室「ソロ」とB寝台が6,300円。「シングルデラックス」は、追加料金9,540円で上段の補助ベッドが利用でき、2名での利用も可能。8号車の「ゴロンとシート」、1号車の女性専用「レディースゴロンとシート」は、指定席特急料金で利用可。

雄大な岩木山が見えれば、終点青森は近い。こんな素敵な景色をベッドに横になりくつろぎながら眺められるのも、寝台列車ならではの愉しみだ。

北陸
HOKURIKU
EF 64 1032

北陸

★上野駅（東京都）～金沢駅（石川県）／514・8km

列車に乗り一眠りして目覚めれば、朝日の中を日本海がキラキラときらめく。

「北陸」は、上野～金沢間を走る寝台特急で、特に週末や連休前などはなかなかチケットがとれない人気列車だ。編成の8両の客車のうち半分の4両が個室寝台であり、しかもシャワー室もある。

「北陸」の魅力について、レイルウェイ・ライターの種村直樹さんは、

「昼間に同区間を鉄道で移動しようとすると、越後湯沢で上越新幹線と在来線を乗り継がなくてはならない。しかし「北陸」なら乗り換えなしで寝ている間に移動できるし、早朝から現地で行動できるので時間を有効に使えます。昔ながらのブルートレインとしての伝統的な魅力があり、とにかく乗っていて、ほっとできますね」

と話す。

23時3分。終電が近づき、通勤客の足がいっそう速くなり、あわただしさが増すころ、「北陸」はゆっくりと上野駅13番線を離れる。

複雑なポイントを渡って本線に入ると、常磐線のこの日最後の上野行き特急「フレッシュひたち」とすれちがう。上野を出発する特急、新幹線はもうない。ここからは夜行列車ならではの時間帯。ネオン輝く東京を過ぎれば、先を行くごとにすれちがう通勤電車は少なくなり、大宮を過ぎれば、多くの電車が翌朝に向けて駅や車庫で眠っている。「北陸」はその横を足早に駆け抜け行く。

「北陸」は寝台車による8両編成で、電気機関車が牽引している。A寝台個室

駅のライトに照らされた寝台特急「北陸」。走行時間は短いが、時間的な利便性が高い上に個室寝台の割合が高く、シャワー室もあるため、幅広い年齢層に人気がある。

列車の先頭に立つEF64形電気機関車。上野～長岡間の牽引を担当する。

上野駅地平ホーム13番線。「北陸」はそこから発車する最後の寝台列車だ。

「シングルデラックス」には、洗面台、オーディオセットがある。ホテル並みの洗顔用具セットも。

個室寝台は、自分だけの動く部屋だ。B寝台個室「ソロ」は人気がとても高く、常に満室。

「シングルデラックス」が1両、B寝台個室「ソロ」が3両連結されている。

発車時間がおそいこともあり、すぐ寝る人が多く、高崎に停車するころ（0時半）には車内は静まりかえる。その先、長岡で電気機関車の付け替えがあり列車の進行方向が逆になるが、ほとんどの人は夢の中でそのことに気づかない。しかし、つい寝過ごしてしまいそうな早朝に、列車は日本海の絶景ポイントを通過する。

「4月末から夏至にかけての日の長い期間ならば、青海から親不知、泊にかけて朝

夜が明けて明るくなった関東平野を走る上り「北陸」。上野到着は6時19分。通勤ラッシュが始まる前に東京で行動できる。

朝日に照らされながら長岡〜金沢間を牽引する赤いEF81形電気機関車。長岡では機関車交替とともに進行方向が逆になる。

2号車シャワー室の横にあるミニロビー。シャワーを浴びた後、ゆったりとしたソファーに座って車窓を眺めるのも格別。

焼けの日本海が見えますよ」

と金沢列車区の車掌歴32年の井澤靖夫さんは話す。この言葉を頭に入れ、4時半ごろの糸魚川停車後から車窓を眺めていると、右手にうっすら日本海が見え、ぼんやりしていた水面や空が徐々に明るく色づいてきた。特に断崖絶壁を走る親不知付近は、高い位置から遠くまで広がる海を見下ろすことができる。地形が複雑な区間ゆえにトンネルが連続するが、その合間に美しい海と空が車窓に広がる。

5時すぎ、魚津を発車すると、左手に朝日に輝く立山連峰が見えてくる。それに見とれていると、チャイムがなり、本日最初の車内放送が始まる。

「おはようございます。まもなく、富山です」

その声とともに、にわかに乗客が荷物をまとめ始め、降りる人が通路からデッキへと流れていく。

5時33分、富山着。北陸新幹線開業に向けて改築準備中のホームや駅舎は、懐かしい雰囲気を残しているが、この光景もまもなく過去のものになる。

高岡、津幡と主要駅で乗客を降ろしたあと、6時34分金沢着。改築工事を終えた駅のホームは、雪や風をよけるための建物ですっぽり覆われ、電気機関車のうなりが駅構内に鳴り響いていた。

最後に車掌の井澤さんに「北陸」ならではの車窓の魅力を聞いてみた。

「太平洋側から日本海側に、またその逆に行くことで、同じ日本でありながら大きく異なる四季の様子を眺めることができる点が魅力ですね。上越国境のように、トンネルを越えたら雪だった、という変化もありますし。上りでしたら、大宮発車から約10分後に渡る荒川で、天候がよければ朝の富士山が見えますよ」

それを聞いて、また乗りたくなった。

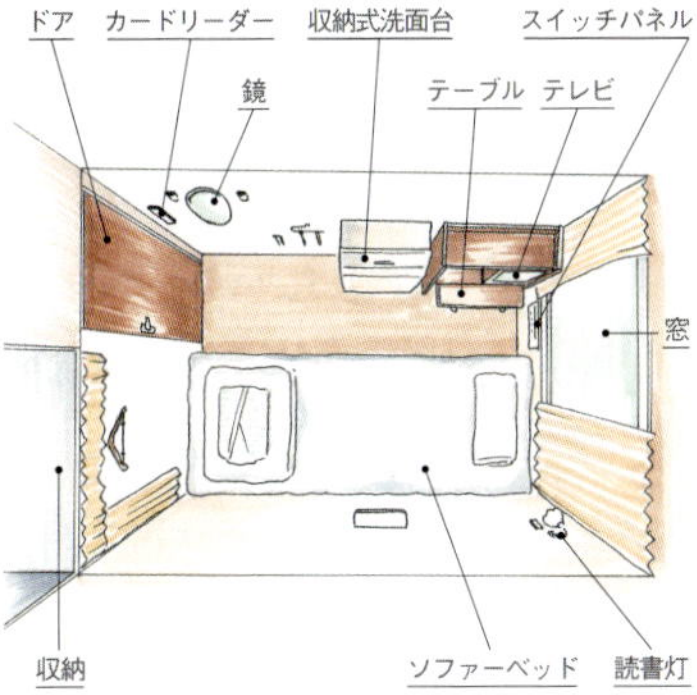

●編成

☆特急［客車］**北陸**

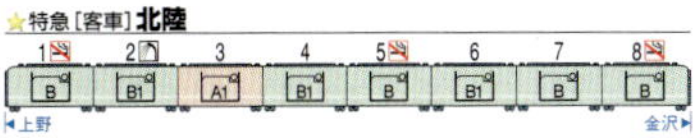

上野〜金沢間（514.8km）を、下り（金沢行き）が7時間31分、上り（上野行き）が8時間1分で結ぶ。寝台特急としては短い運用であるが、個室の多さと時間的な利便性の高さから人気が高い。寝台料金は、A寝台個室「シングルデラックス」が13,350円、B寝台個室「ソロ」とB寝台が6,300円。2号車にあるシャワー室を利用するためのシャワーカードは1枚310円。タオルは300円。「北陸フリーきっぷ」を利用すれば、「北陸」のB寝台、B寝台個室「ソロ」に乗車でき、通常の往復料金よりお得になる。

 取材・文・イラスト／川辺謙一　写真／真島満秀写真事務所、レイルマンフォトオフィス、佐々倉実、結解学、米屋浩二

サンライズ瀬戸・出雲

車窓に瀬戸内海、宍道湖の水景を映す日本の自然美を堪能できる寝台特急列車

★東京駅（東京都）〜高松駅（香川県）／805km（サンライズ瀬戸）
東京駅（東京都）〜出雲市駅（島根県）／954km（サンライズ出雲）

寝台特急サンライズ出雲に乗車するJR西日本米子車掌区の車掌、福馬三千博さんは、この列車の最高の見所は、終点が近付いた米子から先にあるという。

「東京から長い夜を走って、米子駅に着くのは9時9分ですが、そのちょっと前から右手に大山が姿を表します。この雄大な姿は圧巻ですね。長い道のりをご苦労さんとでも言っているようにも思えます。走る列車にずっと付いてくるように、しばらくの間見ることができますので、お客様にはぜひご覧になっていただきたい風景です」

南へ向かう人気列車の筆頭に挙げられるのが、この寝台特急サンライズ出雲とサンライズ瀬戸だ。列車名からもわかるようにサンライズ出雲は、東京から静岡、岡山を経由して出雲市に到る列車。サンライズ瀬戸は、東京から静岡、岡山を経由し、瀬戸大橋を渡って高松に到る。年末年始などの多客時には、松山まで延長運転することもある。

二本の列車は、東京から岡山までの733kmを、連結したまま走破する。いわゆる併結運転だ。岡山で二本の列車は切り離され、サンライズ出雲は米子経由で出雲に向けて、サンライズ瀬戸は瀬戸大橋を渡って高松に向け、それぞれの路

線を走っていく。

いずれも魅力にあふれた列車だが、まずサンライズ出雲について紹介しよう。車両は２８５系電車といって、１９９

市街地を快走するサンライズ瀬戸・出雲に使われている285系電車。新しい設計のため乗り心地も良好。車内の照明も明るい。

夜を行く寝台列車は光のドラマに包まれる。車窓を流れる見知らぬ町も、すれ違う他の列車も、見えるのはただ、まばゆい輝きだけ。

サンライズ瀬戸・出雲が発車するのは東京駅。人影もまばらになった22時、南へ向かう旅人を乗せて静かに滑り出す。

8年の登場以来、優れた車両に贈られるブルーリボン賞を始め、数多くの賞を受賞して注目を集めた電車だ。

サンライズ出雲、瀬戸ともに同型の車両を使用。個室寝台を中心に設計されていて腰掛け式の座席はない。

最も居住性の高い部屋は、一人用A個室のシングルデラックス。二階建て車両の二階部分に設けられている。入り口の扉にはテンキー式の鍵が付けられ、4桁の数字を設定して使用する。セキュリティーは万全だ。

新型の車両だけに、室内の装備も充実。椅子やテーブル、お湯も出る洗面台が設

シングルツインの二段ベッド。上段は折りたたみ式。大きな窓が上段にも着いていて、眺望が楽しめる人気の高い部屋だ。

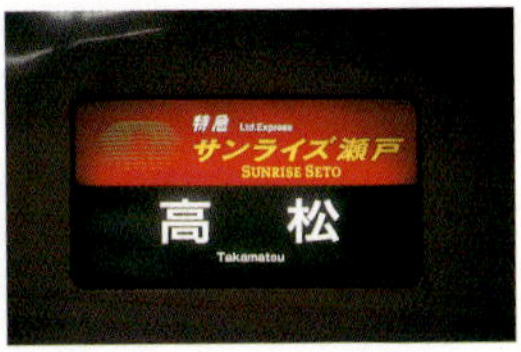

サンライズ瀬戸は高松までの運転。松山まで延長運転されることもある。

サンライズ出雲と瀬戸は東京から併結運転される。分割されるのは岡山駅。

A寝台個室のシングルデラックス。二階建て車両の海側にあるため、車窓の眺めが抜群。部屋数は6室。一階部分はサンライズツインになる。

二階建て車両の一階は、ホームの高さよりも低い位置になる。

1階にあるB個室寝台サンライズツイン。枕はもちろん、毛布や浴衣も用意されている。4号車と11号車にサンライズツインはある。

けられ、室内環境を管理するコントロールパネルが設置されている。

衛星放送が受信できるテレビモニターも装備されているため、時間を持て余す心配はいらない。

同じ二階建て車両の一階部分は、B個室サンライズツインが並んでいる。これは二人用で設備が最も充実した部屋。広い室内にふたつのベッドが設置され、テレビモニターはないがNHKのFM放送を聞けるラジオがパネルに組み込まれている。

以上のシングルデラックス、サンライズツインともに、東京を出発して東海道本線を走る際には、海側に設けられているため、遠く漁船の漁り火や、半島を縁取る家々の灯りを眺めることができる。寝台列車の旅情は、やはり夜の走行中が最も高まる。東京を出発する時間は22時と遅めだが、せっかくの旅路だ。流れ星のように流れていく町の灯りを十分に楽しんでから眠りにつきたい。

なお、夜景を眺めながらワインなどをたしなみたい方は、あらかじめ酒屋などで購入しておくことをお薦めする。車内にはおつまみ程度を販売する自販機はあるが、アルコール類は販売していない。列車が出発する時刻には、東京駅の売店も閉まるところが多いので、飲み物、食べ物、タバコなどは、用意してから乗車する必要がある。

車窓に朝日が差すのは、岡山が近づいた頃だ。併結して走ってきたサンライズ出雲とサンライズ瀬戸は、岡山で停車中に切り離される。ここからサンライズ瀬戸は瀬戸大橋線に進み、サンライズ出雲は、一路出雲市駅を目指すのである。

この列車で特徴的なのはノビノビ座席だ。指定席特急料金と運賃のみで利用できる席で、椅子席ではなくカーペットが敷かれたフラットなスペース。毛布も用意されているので、体を伸ばして眠ることもできる。個室もいいけれど、ときには開放的な雰囲気の中で旅情を楽しみたいという、女性の客を中心に人気が高い席である。

このノビノビ座席は他の席の窓も見渡せるため、意外に展望が良い。岡山を出

上り列車の根府川-真鶴あたりで出会った太平洋の夜明け。寝台列車から眺める夜明けの風景は、いつ見ても感動的だ。

て、明るい光の中を疾走する車窓の眺めは、爽快感にあふれている。

山陽本線を快走したサンライズ出雲は、倉敷から中国山地を山越えする伯備線に入る。この記事の書き出しで車掌の福馬三千博さんが語ったように、これからが車窓風景の見事なパノラマが楽しめる区間となるのだ。

「松江を過ぎると、右手の車窓に宍道湖が見えてきます。私はそれを車内放送で

夜のミニサロンは寝台列車の雰囲気が濃厚に漂う。外の風景を眺めながらコーヒーを飲むのもいい。旅の出会いもこんなところから生まれる。

小さな椅子が用意されたミニサロン。誰でも自由に使うことができる。下りのサンライズ出雲では、岡山から先、ミニサロンで弁当の販売が行われる。

料金は安くて意外に楽しめるノビノビ座席。展望が良く、開放感がある。見知らぬ人と交わす会話も、旅の大きな楽しみだ。

通路は狭いが、揺れる車内だけに、階段には手すりなどが随所に付けられ、安全に配慮された設計になっている。

南へ下る列車の車窓には、一足早く春や夏が訪れる。線路際のちょとした風景に、心うばわれることもしばしばだ。

瀬戸大橋を渡るサンライズ瀬戸。ここが行程で最高の見せ場となる。乗客は誰も、車窓に展開する風景に見とれている。

お客さまにご案内します。宍道湖はそのときの天気によって様々に姿を変えて、いつ見ても見飽きない風景です」

山が続いた乗客の目の前に現れる宍道湖の水景は、この路線の白眉といえるものに違いない。旅の終わりの寂しさを噛み締めながら、乗客たちは、この佳景に酔うのである。

一方、岡山から四国に向かったサンライズ瀬戸の見所を、鉄道写真家の井上廣和さんはこう語る。

「サンライズ瀬戸に乗って見逃してはならないのは、瀬戸大橋から望む夜明けの瀬戸内海でしょう。まるで低空飛行する飛行機から眺めるような海の景色が車窓に展開します。模型のように小さな船が、点在する小島の間を行き来して、ジオラマを眺めているような気分になります。乗客の誰もがその眺めに釘付けになってしまいます。瀬戸大橋線を走る時は、眠くてもこの景色を見なければという、車窓風景では一番の場所ですね」

南へ向かうサンライズ出雲、瀬戸が一番人気だという理由も、なるほどと納得できる。数多い寝台列車の中でも、ほかの路線では絶対に見ることの叶わない絶景といえるだろう。

朝日を浴びて快走するサンライズの285系電車。車内のインテリアは住宅メーカーと共同で設計したもの。木肌の質感を生かした内装になっている。最高速度130kmの快適な電車だ。

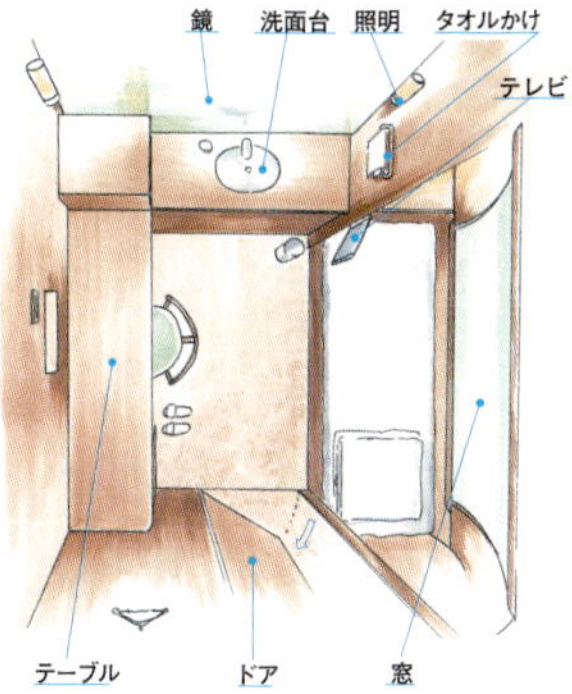

[シングルデラックス]

●編成

☆特急［電車］**サンライズ瀬戸、サンライズ出雲**

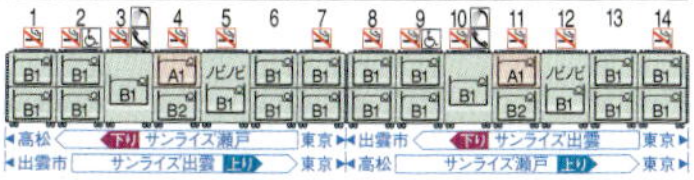

東京～出雲市間（953.6km）を下りが12時間4分。東京～高松間（804.7km）を下りが9時間26分で走る。寝台料金は東京～出雲市間、A寝台個室「シングルデラックス」28,160円、B寝台個室「ソロ」21,110円「シングル」22,160円。「シングルツイン」23,980円。「サンライズツイン」ふたりで44,320円。東京～高松間A寝台個室「シングルデラックス」21,510円、B寝台個室「ソロ」20,460円「シングル」21,510円。「シングルツイン」23,980円。「サンライズツイン」43,020円となる。

富士を牽引する機関車は3種類。東京-下関がEF66、関門トンネルの下関-門司はEF81、九州に入って大分まではED76となる。

はやぶさ富士

旅情漂う寝台列車の神髄ともいえる名列車
17時間を越える乗車時間は楽しみの宝庫

東京駅（東京都）～熊本駅（熊本県）／1315km（はやぶさ）
東京駅（東京都）～大分駅（大分県）／1262km（富士）

東京と九州の熊本を結ぶ寝台特急はやぶさは、現在、JRが運行する定期列車の中では、最も長距離を走る旅客列車だ。その距離1315キロ。所要時間は17時間半という長旅となる。

そのはやぶさと、東京から門司の間を併結運転するのが、寝台特急富士。こちらも終点の大分まで、約17時間という長い時間をかけて走り抜く。

兵庫県の出身で、鉄道書専門の出版社ジェー・アール・アールの代表、坂正博さんは、はやぶさ、富士の魅力を次のように語る。

「はやぶさ・富士と聞くと、あさかぜ・さくらとともに、ブルートレインの歴史を感じさせる列車です。これら九州行きブルートレインは、私も学生時代、帰省の折りによく利用したものです。ずっと夜の暗い車窓が続いたあと、瀬戸内海から昇るまぶしい朝日が、印象に残っています」

東京発18時3分。斜めに傾きながらも、まだ輝きの強い西日を受けたはやぶさ、富士の車体は、ゆっくりだが力強い動きでホームを滑り出す。

A寝台一人用個室のシングルデラックスに入り、扉を閉める。部屋の幅は狭いのだが、天井の高さがあるため、圧迫感はあまり感じない。個室の狭さに、むしろ不思議な安堵感を覚える。

洗面台やテーブル、温度計などの設備のデザインは、アールの多いクラシックな雰囲気。昔と変わらないゆったりした時間が、ここには流れている。はやぶさ、富士に乗ったら、終点まで17時間半の間は、携帯電話の電源を切り、懐かしい時の流れに身をゆだねたい。それがこの列車の魅力が最も良くわかる楽しみ方といえるだろう。

窓の外はやがて闇に包まれ、夜がふけていく。深夜の誰もいないプラットホームを駆け抜ける寝台列車。普段は目にすることのない別世界のような風景が次々に展開する。

車窓を走る光の矢を眺めているうちに、いつの間にか眠りに落ちる。明朝6時過ぎの車内放送で目が覚めるまで、どこを走っているのかもわからないまま、ぐっすりと眠り続けていた。

徳山からは車内販売が始まる。通路を販売に回るが、弁当の数は多くはないので、油断していると売り切れになる。なるべく早く購入することをお薦めする。

朝の車窓の見所を、JR西日本の車掌さんに聞いた。

「7時を過ぎたから、もう少し走ると富

広島から入って、山口を抜けると素晴らしい瀬戸内海の島々が望める、大畠～岩国間。「はやぶさ・富士」の下りならではの絶景。

九州に入るとあかつき・富士は、交流用電気機関車の花形、ED76が牽引する。この深い赤色と強い牽引力が特徴だ。

海駅を通過しますね。この付近が瀬戸内海の眺めが最も美しい場所だと思います。運がよければ朝日が昇るところを見ることができます」

窓の外には、黄金色に染まった瀬戸内海が広がる。見事な眺めだ。旅に出たという実感を噛み締める瞬間である。

下関と門司では、列車の停車時間が長くなる。その理由を前出の坂正博さんは、こう説明する。

「本州最西端の下関までと、九州の玄関の門司からでは、架線に流されている電気が異なります。関門トンネルの九州側出口付近に、この直流と交流との切り替えセクションがあるため、交直両用の機能をもった機関車や電車が必要となります。だから下関-門司間は、交直両用の機関車、EF81が、はやぶさ、富士を牽引することになるのです。下関駅で連結したEF81は、門司駅で切り離されるほか、ここからはやぶさと富士は分かれて運転となります。まずはやぶさにED76が連絡され、一足早く出発します。それから富士にED76をつなぎます」

この作業は、時間が許せば見ておきたいものだ。

18時3分の発車時刻が近づく東京駅。すでに乗客は車内に入り、動き出すのを待っている。別のホームは通勤帰りの客で、あふれかえっている時間帯だ。

乗客の安全を守る鉄道職員の、緊張が高まる発車の瞬間。こういう人たちに支えられて寝台列車の乗客は、楽しい旅をすることができる。

A寝台個室シングルデラックス。テーブルには洗面台が格納されている。様々な設備がコンパクトにまとめられ使いやすい。

B寝台の二段ベッド。カーテンを閉めれば、中は見えなくなる。小さなテーブルや読書灯もあり、寝台列車らしい雰囲気が漂う。

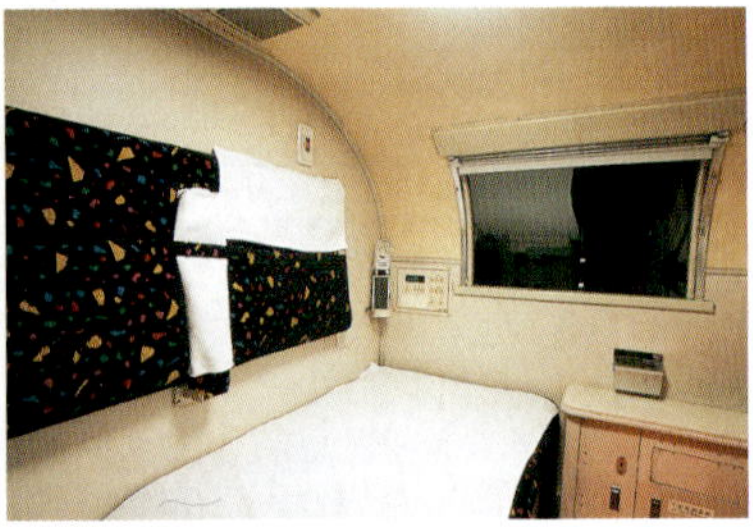

個室B寝台のソロ。読書灯の明るさの調整も可能で換気扇も装備され、ベッドから転落防止の安全柵もセットできる。

大きなロゴが描かれたソロの車両。車体の外観としては上下二段の窓が付いている。人気が高く、早めの予約が望ましい（写真上）。大阪-京都間ですれ違う二本の列車。どちらの列車にも、何かの目的に向かって旅をする、それぞれの人生がある（写真左）。

九州で牽引する赤い交流用電気機関車ED76を連結する。列車からホームに降りて、写真を撮ったりする乗客の姿もある。

はやぶさと富士、二本の列車は、ここからそれぞれの目的地を目指す。

12分の停車時間で切り離されたはやぶさは、富士を残して一路、熊本に向かう。残された富士は24分間の停車の後、鹿児島本線を経由して日豊本線へと進み、大分に向けて速度を上げて行く。

この富士にも、はやぶさにも、食堂車は連結されていない。シャワーもない。かつてはそういう旅が当たり前だったのだが、現代ではやはり少々の不便さを感じてしまう。しかし昭和30年代からの歴史を持つ列車の風情を楽しむのなら、それもまた一興と言うべきだろうか。旅には、日常とは異なる体験はつきものだ。

富士はその後、別府から大分にかけて、別府湾の輝きを眺めながら終点大分駅のプラットホームに滑り込むのである。

熊本に向かったはやぶさは、東京から17時間半の旅を終え、昼近い11時48分、熊本駅にたどり着く。列車を降りる乗客たちの表情には、ほっと安堵の思いと共に、旅を終えた一抹の寂しさが漂う。列車を降りたあと、一旦足を止め、乗ってきたはやぶさの青い車体を、感慨深げに振り返る人の姿も見受けられる。

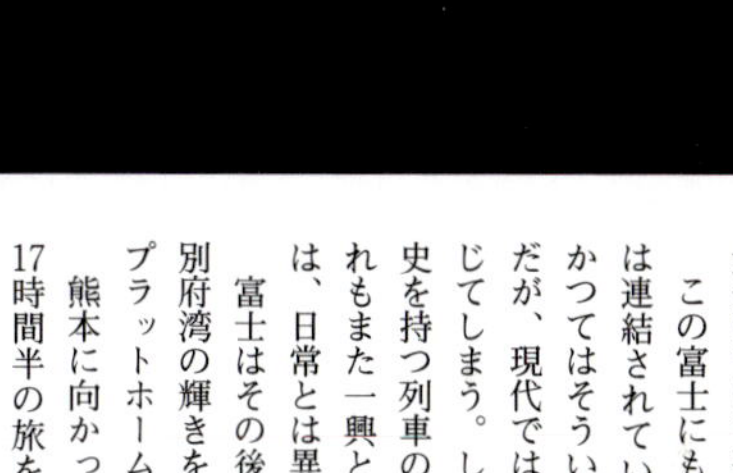

はやぶさの目的地は熊本だ。到着するのは昼。九州に入っても、まだ長い旅は続く。

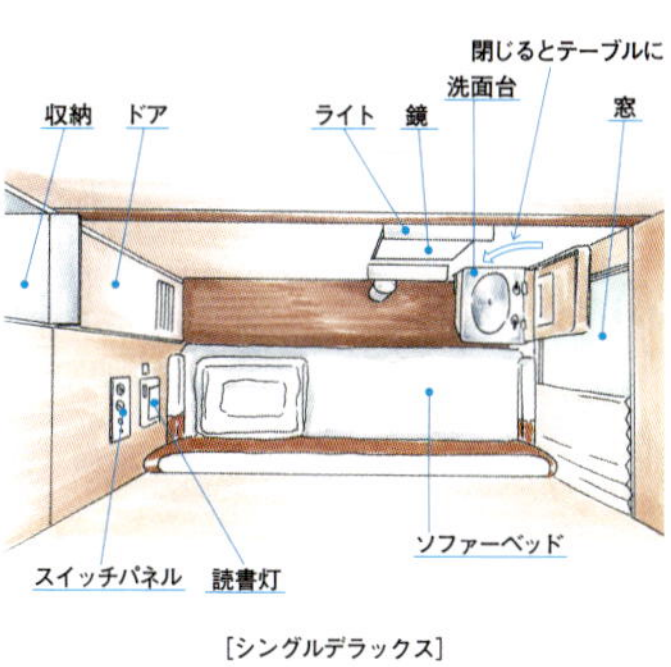

［シングルデラックス］

●編成

☆特急［客車］**はやぶさ、富士**

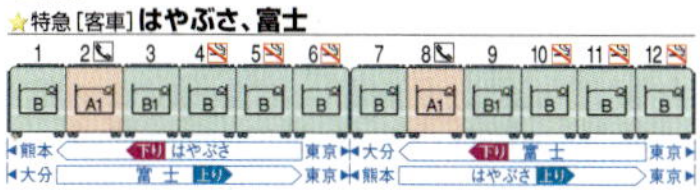

東京〜大分間（1262.3km）を下り富士(大分行き)が17時間15分。東京〜熊本間（1315km）を下りはやぶさが17時間45分で走る。寝台料金は富士、東京〜大分間、A寝台個室「シングルデラックス」30,780円、B寝台個室「ソロ」23,730円、「B寝台」23,730円。はやぶさ、東京〜熊本間A寝台個室「シングルデラックス」31,200円、B寝台個室「ソロ」24,150円「B寝台」24,150円となる。経由する路線は、東海道線、琵琶湖線、JR京都線、JR神戸線、山陽線、日豊線、鹿児島線となる。

京都駅で出発の時を待つ寝台特急なは・あかつき。牽引する機関車は下関まではEF65。そこからEF81、ED76へとバトンタッチしていく。

なは・あかつき

京都駅から出発する九州行き寝台特急列車は沖縄の那覇市に由来する愛称を持っている

★京都駅（京都府）〜熊本駅（熊本県）／723km（なは）
京都駅（京都府）〜長崎駅（長崎県）／837km（あかつき）

寝台特急「なは」という名前を聞いて、沖縄行きの列車かと勘違いする人もいる。沖縄まで列車の旅ができれば楽しいのだが、そうではない。

寝台特急「なは」は、京都と九州の熊本を結ぶ列車だ。所要時間は約11時間半。

この列車に併結運転されるのは、長崎まで行く寝台特急「あかつき」。長崎までの所要時間は約12時間半である。

寝台特急「なは」の名称は、この名を冠された列車が登場した昭和43年当時、まだアメリカ占領下にあった沖縄が、早く本土に復帰するようにとの願いを込めて命名されたものだという。

「なは」「あかつき」の魅力を鉄道に関する著書の多いライターの松本典久さんは、次のように言う。

「この2つの列車は、関西から九州方面に向かう夜行列車のなかでも運行時間帯がよく、大いに活用したい列車ですね。途中まで連結して走るため、目的地によって列車を決めることになります。列車寝台というとカーテンで仕切った二段ベッドを思い浮かべると思いますが、この2つの列車は編成の半分が個室寝台車になっています。居住性からすると『あかつき』のシングル、ツイン、『なは』のデュエットがおすすめです」

「なは」「あかつき」が京都を発車するのは20時9分。車窓から駅周辺のネオンが消えると、夜の闇は急に深くなるような気がする。新大阪で新たな乗客を乗せ、列車は速度をあげて行く。

「あかつき」の始発駅京都も、終点長

崎も、ともに古い歴史と文化の残る美しい町だ。このふたつの町を結ぶ寝台特急に、どこかロマンの香りを感じるのは単なる思い込みなのだろうか。

「あかつき」のA寝台個室には、ビデオとモニターが設置されていて、映画のサービスも行われている。専用のシャワー室も用意され、無料で利用できる。

あかつきの楽しみ方はいろいろある。たとえば個室は1と2、あるいは3と4などと、連番で部屋をとれば、間の扉を開くことができ、二部屋続きで使用することも可能なのだ。

楽しい旅ができそうな予感に満ちた列

鹿児島本線を南下した列車は、鳥栖駅で二本の列車に分割される。ここからあかつきは長崎本線を、長崎に向かって走り出す。

鳥栖からは、長崎に向かって寝台特急あかつきを牽引する新たな機関車が必要になる。待機していたED76が姿を表した。

ED76型電気機関車に牽引され、鳥栖から長崎本線をひた走る寝台特急あかつき。長崎駅の到着予定時刻は8時54分だ。

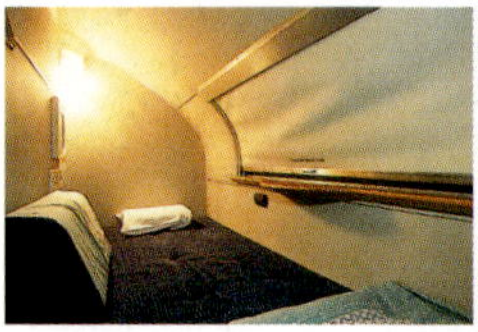

B寝台個室ソロの室内。暖房の温度調節もでき、換気扇、読書灯、トイレの使用中を知らせるランプもあり使い勝手は良い。

車両の中央には細い通路が伸びている。その両側に客室の扉が並び、二階への階段も並んでいる。

「なは」と書かれたテールマーク。終点熊本には7時36分に到着する。京都から約11時間半の道のりだ。

ふたり用のB寝台個室、デュエットの室内。部屋の鍵は4桁の数字を決めてテンキーでロックするタイプ。安全性と居住性に優れる。

「なは」と「あかつき」は平成17年10月から併結して運転を始めた。それ以降、ヘッドマークにも、ふたつの名前が入った。

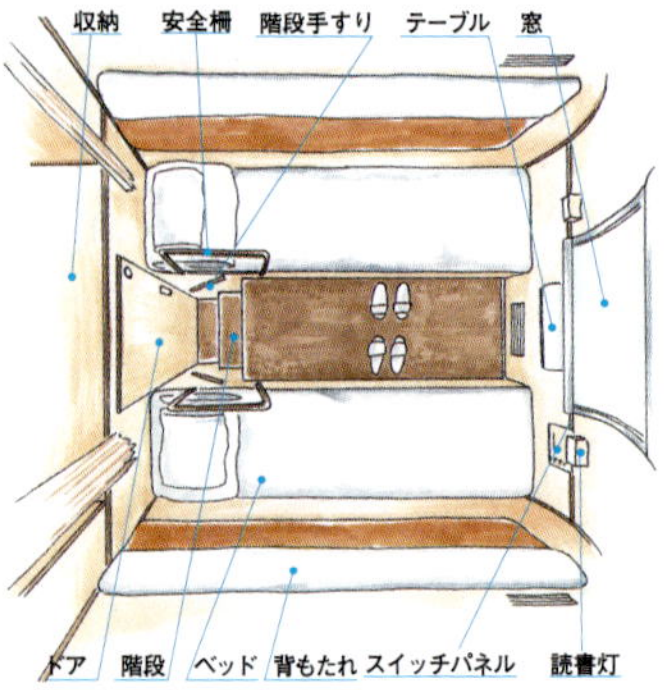

［デュエット］

●編成

★特急［客車］なは、あかつき

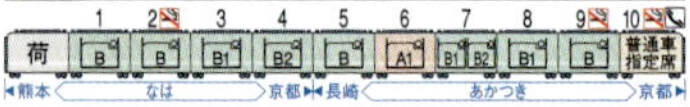

京都～熊本間（801.4km）を下りなは(熊本行き)が11時間44分。京都～長崎間（836.9km）を下りあかつきが12時間53分で走る。寝台料金はなは、京都～熊本間、B寝台個室「ソロ」20,260円、「デュエット」20,260円。「B寝台」20,260円。あかつき、京都～長崎間、A寝台個室「シングルデラックス」27,630円、B寝台個室「シングルツイン」23,450円、「ツイン」22,440円、「B寝台」20,580円、「レガートシート」14,790円となる。

車だといえる。寝台列車で移動する時間を、旅情にひたるだけでなく、親しい友と語らい過ごすのもまた、忘れがたい思い出になることだろう。

「あかつき」には、このほかに一人用の個室のソロや、寝台列車のスタンダードともいえる2段式のB寝台などが用意されている。そのほかにも、高速バスのシートにも負けない、ゆったりとした椅子席、レガートシートが設置されていて、予算や目的に応じて、最適な選択が可能となっている。

「なは」にも同じように、B寝台個室やソロが用意されている。

B寝台個室の部屋数は11室。奇数の部屋が1階、偶数が2階に設置されている。一人用のB寝台個室ソロも偶数の部屋が2階の個室となる。意外にベッドが広くて、居住性は高い。

「なは」にも以前はレガートシートが用意されていたのだが、現在は設置されていない。

下関駅では、ほかの寝台列車と同じように、交直流両用の機関車を連結して関門トンネルを通過する。その時間は早朝4時過ぎになるため、これが見学したい人は、目覚まし時計の用意が必要だろう。

5時52分に博多を出て、鹿児島本線を南下した列車は、長崎本線が分岐する鳥栖で停車。熊本に向かう「なは」と、長崎を目指す「あかつき」、二本の列車に分割される。

朝日に青い車体を輝かせながら、ふたつの列車は、それぞれの目的地にむけて発車していく。

到着時間は、「なは」の熊本着が7時36分。「あかつき」が美しい長崎の町に到着する時間は8時54分。これから九州の見所を回るにしても、十分余裕のある時刻の到着となる。

取材・文／九頭竜あきら　写真／真島満秀写真事務所、レイルマンフォトオフィス、米屋浩二、佐々倉　実、井上廣和、宇都宮照信、宇都宮靖顕、

旅の楽しみが倍増する!
人気の味BEST30

寝台列車の停車駅で買える駅弁大図鑑

ゴトゴト列車に揺られて、
長い時間を過ごす寝台列車の旅。
昼下がりの田園や、薄暮の海など
刻々と流れゆく車窓の風景とともに
傑作駅弁を味わえば、
旅の楽しみがいっそうふくらむ

早朝、サンライズ出雲の停車する岡山駅のホームで購入した「おむすびころりん」(1000円)。それぞれのお重におかずとおにぎりが入っている。

入江織美さんに聞いた

オススメ駅弁全国ベスト10

日本全国を旅しながら旨い駅弁を検証し続ける、旅行作家の入江織美さん。自他ともに認める「駅弁を食べるプロ」の入江さんに、寝台列車で味わいたい極旨駅弁を指南していただきました。

1 札幌駅／かに三種味くらべ

3種のほぐし身を贅沢にたっぷり食べ比べ

タラバ、ズワイ、毛ガニの3種のカニのほぐし身がたっぷり。「高価な毛ガニの身を惜しげもなく使っていてお見事!」（入江さん）1000円 ㊐札幌駅立売商会 ☎011-721-6101

停車駅リスト

- 北斗星1号（下り）
- 北斗星3号（下り）
- 北斗星2号（上り）
- 北斗星4号（上り）
- カシオペア（下り）
- トワイライトエクスプレス（上り／下り）

ほか

2 釧路駅／たらば寿司

ぷりっとした棒肉のボリューム感を味わえる

さっと酢でしめたタラバの棒肉、サーモンやいくらが。「がぶっとかぶりつけば“釧路に来た”という感慨ひとしお」（入江さん）1350円 ㊐釧祥館 ☎0154-22-9460

停車駅リスト

- 特急まりも（下り）

ほか

スローな旅だからこそその土地らしさを味わいたい

列車に揺られながら一夜を過ごす、寝台列車の旅。ゆっくりと移動する旅だからこそ、駅弁の味わいによって地方色をかみしめたいもの、と旅行作家の入江織美さんは語る。

「あわただしく目的地に向かう飛行機や新幹線の旅と違い、寝台列車のなかでは時間の流れがとてもゆっくり。時計を見て〝ああ、いまやっとこの駅を通過したな〟と確認したりしながら過ごしていると、地図の上を旅しているような感覚を味わえます」

寝台列車の旅は、〝距離感を味わう〟スローな旅。そんな旅に相応しいのは、風土の味をかみしめることができる存在感のある駅弁だ。その土地の食文化が息づくもの、丹念な趣向を凝らしたものなど、いずれも美味しさに感動すること請け合いの傑作駅弁ベスト10を入江さんに教えていただいた。

なかでも入江さんを「さすがカニの本場！」と唸らせたのが、釧路駅の「たらば寿し」だという。製造元である釧祥館の店長、佐藤洋子さんはこう語る。

「タラバガニの脚を丸ごと2本ほど使い、さらにその下にタラバガニのほぐし身を敷きつめ、いくらとサーモンを詰めました。タラバの旨さをそのまま味わっていただきたいので、味はさっと酢にくぐらせるだけ。じつは自分た

※運行時間はその日によって異なります。停車時間も変わりますので、あくまでも予定として構成しています。また到着時間によっては製造元に事前に予約することをおすすめします。

3 釧路駅／いわしのほっかぶり

“ほっかぶり”をしたような いわしの名物寿司

停車駅リスト

●特急まりも（下り）など

新鮮ないわしのにぎり寿司が、薄切り大根でほっかぶり。「釧路の郷土食をヒントに生まれた駅弁。食感が絶妙です」（入江さん）

890円 問引田屋商店 ☎0154-51-5191

※事前に要予約。

4 新潟駅／えび千両ちらし

黄金色の厚焼き玉子。その下からお宝ざくざく

一面敷きつめられた手焼き厚焼玉子。しかし、その下には贅沢な具が。「一見、“これだけ？”と思いきや、驚かされます」（入江さん）1200円 問新発田三新軒 ☎0250-21-6220

停車駅リスト

●きたぐに（上り）など

厚焼き玉子の下からうなぎ、小肌、海老、佐渡前の一夜干しイカなど盛りだくさんの具が入っている

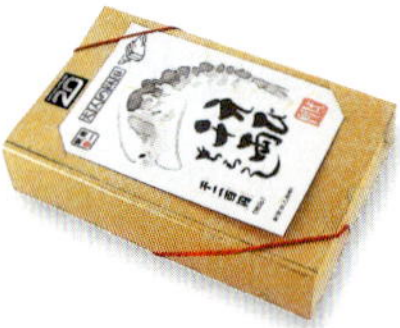

ちが食べたいものを、全部のっけたらこうなったんです（笑）」

宝探しのような うれしい驚きがある駅弁

また、近年は「これでもか！」というほど工夫を凝らした駅弁の秀作が、続々登場しているという。とくに入江さんが注目しているのが、平成14年に誕生して以来、じわじわと人気が高まっている新潟駅の「えび千両ちらし」。ふたを開けると、一見そこに敷きつめられているのは厚焼き玉子のみ。しかし、その下には酢飯とともに、鰻やコハダ、海老やイカ、レンコン、胡桃などが宝物のように隠されている。まるで黄金色の玉子焼きの下から宝物を発掘するような楽しさがある。製造元である新発田三新軒の代表取締役社長・伊田研一さんはこう語る。

「何もかも手作りで、とにかく美味しいものを作ろうという意気込みで生まれた駅弁です。厚焼き玉子の上に散らされているピンクのそぼろは、海老そぼろ。むき海老をミンチにしてから炒って作っています。手間がかかるので当初は1日10個の製造でしたが、いまでは1日100個。正直、かなり大変ですが、この味は守り抜かなければと思っています」

ラベルに印刷されている水墨画と文字は、なんと社長が描いたもの。水墨画の本を見ながら独学で描いたという力作だ。この手作り感漂うラベルは葉

5 東京駅／東京弁当

江戸っ子に愛されてきた老舗の味を集めたひと箱

東京を代表する老舗の味が一同に。「浅草今半、魚久、すし玉青木の味をいっぺんに味わえる貴重な駅弁」（入江さん）1600円 ㈹NRE東京弁当営業支店 ☎03-3213-4352

停車駅リスト

- 富士 はやぶさ（下り）
- サンライズ出雲（上り）
- サンライズ瀬戸（上り）

など

6 高松駅／あなごめし

ほろりと旨さが広がる瀬戸内名物の駅弁

瀬戸内海沿いの各駅で親しまれている名物駅弁。「高松駅弁のあなごめしは、開いたものときざんだもの、どちらも味わえる点がいい」（入江さん）920円 ㈹高松駅弁 ☎087-851-7711

停車駅リスト

- サンライズ瀬戸（下り）など

書になっているので、旅先で手紙をしたためるのもいい。

「寝台特急はやぶさ」がブルートレインの系譜を受け継ぐ九州にも、もちろんこの地ならではの寝台列車に相応しい極旨駅弁がある。そのひとつが伝統的な長崎の食文化を守る、長崎駅の「ながさき鯨カツ弁当」。もともと駅弁業者ではなく、長崎で4代続く鯨専門

8 長崎駅／ながさき鯨カツ弁当

やわらかく、クセがない南氷洋の上質なミンク鯨

今年2月にリニューアル。上質なミンク鯨の旨みが閉じ込められている。「まったくクセがなく、やわらかい鯨肉に驚き」（入江さん）1050円 ㈲鯨専門店くらさき ☎0120-094083

停車駅リスト
●あかつき（上り／下り）など

7 門司駅／レトロ海峡弁当

北九州で親しまれてきた珍しい郷土料理を

竹の子ご飯、明太子天ぷら、鯨の竜田揚げなど。「珍しい郷土料理に出会えます」（入江さん）980円 ㈲北九州駅弁当 ☎093-531-0036 ※門司駅では10月〜4月限定。要予約。

停車駅リスト
●富士・はやぶさ（上り／下り）など

店が生み出した駅弁だ。もちろん主役は鯨カツだが、入江さんが「見事」と絶賛するのが、鯨の味わい。上質な鯨肉を使用しているため、その味わいはまったくクセがなく、やわらかい。カリッと揚げられた衣の香ばしさも、鯨カツの旨みをふくらませるという。製造元、鯨専門店くらさきの女将・小嶺弘子さんは語る。

「プランクトンが豊富なハワイ沖など、南氷洋で育った鯨を使っています。本来、鯨肉は美味しいもの。その味をより楽しんでいただけるよう、今年2月に鯨カツ弁当をリニューアルしました。従来は鯨カツだけでしたが、現在は甘辛いタレに浸けて香ばしく揚げた竜田揚げも加え、白いご飯とともに詰めています」

鯨カツの衣に使うのは、特注の小麦粉。鯨肉の上質さはもちろん、小麦粉やパン粉に至るまで吟味した素材を使うという細やかさが、専門店らしい。

大分には、山里から生まれた名前も美しい名物駅弁がある。春の淡雪をかぶったような姿から名付けられた、「雪ん子寿し」だ。淡雪の正体は、薄くスライスして三杯酢に浸けた大根。その下には、大分県の佐伯という山間地で健やかに育った、肉厚のしいたけが包まれている。大分県は、乾しいたけの生産量日本一を誇る土地。その名産品を使った「雪ん子寿し」は、床屋さんを営む母娘によって考案されたもので、平成13年、きのこ料理コンク

9 大分駅／吉野鶏めし

素朴なおにぎりにひそむ、驚くべき風味と旨さ

停車駅リスト
●富士（上り／下り）など

江戸末期ごろ、猟師が雉や鳩などで作ったとされる郷土の味。「一見、炊き込みご飯のおにぎり。しかし“なぜ、こんなに美味しいの!?”と驚かされます」（入江さん）3個390円 問吉野食品 ☎097-595-0332

10 大分駅／雪ん子寿し

しいたけに降り積もる淡雪のように美しい駅弁

大分県佐伯の山間部で育ったしいたけを使った名物すし。「3日間かけて味を馴染ませた、干ししいたけの味と食感が絶妙」（入江さん）5個400円 問愛の里工房 ☎0972-56-5417

停車駅リスト
●富士（上り／下り）など

ール全国大会のシイタケ部門で最優秀賞を受賞した。この駅弁の大ファンだという入江さんは語る。

「山間部に暮らす母娘の温もりを感じる、地域の食です。しいたけのぬるっとした旨みと、大根のしゃりっとした食感の組み合わせが絶妙です」

寝台列車の旅ならではの、ゆっくりとした時間とともに味わいたい極旨駅弁。そのひとつひとつには、作り手たちの物語が秘められている。

入江織美（いりえおりみ）
旅行作家。全国をめぐりながら、旅先で旨いものを探す達人。花紀行をテーマにした作品も多数。著書に『全国駅弁ポケット図鑑』（主婦の友社）、『完璧の駅弁 食べた、旨かった！』（小学館文庫）など。現在、日経新聞に駅弁のコラム連載中。

秋田駅／**あったけぇきりたんぽ弁当**

秋田の冬の郷土料理として知られる「きりたんぽ鍋」が駅弁に。比内地鶏のスープを注いで加熱すると、あつあつが完成！ 1年中味わえるのも魅力。1200円 問関根屋 ☎018-833-6461

函館駅／**特選鰊みがき弁当**

函館名物の身欠きにしんを主役とした、名物駅弁。「甘辛く味付けされたにしんは、北国の太陽の味。数の子の大きさも迫力です」（入江さん）840円 問みかど ☎0138-22-2690

長岡駅／**越後の闘牛牛めし**

古くから農民の娯楽として受け継がれてきた越後の文化、闘牛をテーマに生まれた。ご飯の上にたっぷりの牛肉やごぼうがのり、迫力満点！ 800円 問池田屋 ☎0258-33-2430

青森駅／**むつ湾産帆立釜めし**

昭和40年代発売以来、ロングセラーとなっている釜めし駅弁。青森名産のほたてがたっぷりのほか、山くらげや姫竹など山里の味覚も詰められている。900円 問ウェルネス伯養軒青森支店 ☎017-723-1894

上野駅／**上野弁当**

牛蒡煮、焼蒲鉾など郷愁を誘う味わい。東京の北玄関口・上野駅の歴史に思いを馳せたい。1000円 問NRE上野弁当営業支店 ☎03-3842-6092

北から南へ、全国津々浦々

寝台列車停車駅「名物弁当図鑑」

寝台列車で味わえる名物駅弁は、全国にまだまだたくさん！ ただし、停車時間などを確認して、くれぐれも乗り遅れないようご注意を。

ローカル駅にも潜む、その土地ならではの駅弁

ターミナル駅はもちろん、小さなローカル駅にも名物駅弁が多い。入江さんがとくに「貴重な味」と語るのは、出雲市駅の「出雲そば弁当」。駅構内のそば屋が製造している駅弁で、その人気の理由は、職人気質なこだわりにある。「ゆでたてしか売れない」ため、1時間前までに予約をしないと買えない駅弁だ。かつては手打ちだったが、現在は機械打ち。とはいえ、その味には出雲そばの伝統が息づく。

「昆布、かつお節などでだしをとり、かえしを使った辛めのつゆも本格派。出雲のそばを、列車で味わえるという感動があります」

と入江さん。また、有明海名物として知られる珍味を使った駅弁が、大牟田駅の「たいらぎ寿し」だ。「たいらぎ」とは、ホタテのような2枚貝。しかし、その味はホタテよりも上品な旨みと、シコシコとした食感が魅力。製造元である大牟田駅弁のご主人、古賀信行さんは語る。

博多駅／**めんたい弁当**

博多名物の明太子を使った、老舗の駅弁。彩り美しい明太子ご飯をはじめ、辛子明太子、しいたけや竹の子の煮物、玉子焼きなどが詰められている。1050円　㊔寿軒　☎092-431-0331

出雲市駅／**出雲そば弁当**

甘皮ごと挽いた、風味豊かな二八そば。昆布、かつお節、たまり醤油を使っただし汁も本格派。受け取りの1時間前までに要予約。1050円　㊔出雲市駅弁当センター　☎0853-21-0021

大牟田駅／**たいらぎ寿し**

有明海の珍味、たいらぎ貝の上品な旨みがしみこんだご飯は、熊本の南関米と菊池米のブレンド。貝のシコシコ感と旨み、磯の香りを楽しめる。800円　㊔大牟田駅弁　☎0944-52-2516

岡山駅／**まんま借り借り　ままかり鮨**

岡山名物の新鮮な小魚「ままかり」のにぎりに、甘酢漬け大根のシャキシャキ感をプラス。山椒が香るふきの佃煮とともに。700円　㊔三好野本店　☎086-200-1717

熊本駅／**中華弁当**

明治創業の老舗中華料理店による駅弁。香ばしい鶏の唐揚げ、ぷりぷりした海老を辛めに仕上げた海老チリ、春巻きなど、本格派の味尽くし。840円　㊔音羽屋　☎096-354-2345

下関駅／**ふく寿司**

丸い容器に描かれたフグの顔がユーモラス！　フグの水揚げ日本一を誇る下関らしく、フグの身と皮を主役とし、海老やうになどを散らしている。830円　㊔下関駅弁当　☎0832-22-0626

「有明海の名物をぜひ味わっていただきたいと、平成元年に発売しました。たいらぎ貝のワタも塩もみして、ご飯とともに炊いているので、磯の香りと旨みを丸ごと味わえます」

たいらぎ貝がもっとも美味しい旬は、春から初夏だという。また、秋田駅の「あったけぇ　きりたんぽ弁当」は、従来タブーとされていた汁物に挑戦した駅弁だ。試行錯誤のすえ、ほどよい量のスープをとどめることに成功し、駅弁として完成した。箱のひもを引っ張ると、車内であつあつのきりたんぽ鍋を味わえる。その土地らしさを大切にしたユニーク駅弁を、寝台列車の旅のお供にしてはいかがだろうか。

取材・文／本吉恭子 撮影　米屋浩二（P.94）、佐藤直也（東京・新潟・長岡）、中島昌吾（九州）、加道正道（釧路）、宮前祥子（大阪・京都）、原田直樹（北海道）、山本厳写真事務所（大分）、佐々倉実（青森）、九頭竜あきら、入江織美一番停車駅で駅弁が買える路線は？

トワイライトエクスプレス 駅弁の旅

じつはトワイライトエクスプレスは、もっとも数多くの駅弁に恵まれた寝台列車。停車駅で上手に購入する方法を紹介します。

大阪駅／赤飯弁当

「水了軒」が誇る赤飯と煮物の味わい

だしをきかせた関西風の煮物は、水了軒が守る伝統の味。二段重ねの折箱に赤飯をはじめ、煮物や焼き物が詰められている。1050円　問水了軒　☎06-6150-4137

新大阪駅／八角弁当

昭和50年発売以来、親しまれるロングセラー

八角形の折箱に穴子鳴門巻き、高野豆腐など、滋味豊かな関西の味が詰められている。前日までの予約で、デッキ受け渡し応相談。1100円　問水了軒　☎06-6150-4137

事前に電話予約をすれば受け渡し可能なものも

トワイライトエクスプレスは、途中駅での停車時間がいずれも1～5分程度と少ない。そのため、一度発車してしまうと、途中駅で下車して駅弁を買うことはほとんど不可能、と思われがちだ。しかし、食堂車のダイナープレヤデスでフランス料理のディナーを予約したけれど、さて昼食は、おつまみは……と悩む人も多いのでは？　じつはトワイライトエクスプレスの停車駅には、始発の大阪と札幌をはじめ、京都、敦賀、金沢と名物駅弁が目白押し。そこでおすすめなのが、名物駅弁の予約だ。前日または数日前に電話予約をすれば、多くの駅弁はデッキでの受け渡しが可能なのだ。敦賀名物の「あなごすし」を製造する塩荘の営業担当、桑野聖三さんはこう語る。

「前日までに電話で予約をしていただければ、うちでは1個からでも指定号車のデッキまでお届けしています。せっかく敦賀を通るのでしたら、ぜひ名物を楽しんでください」

また、金沢駅の「二味笹すし」は、生笹に包まれた小ぶりなすしなので、小腹がすいたときにぴったり。こちらも予約をすればデッキまで届けてくれるという。ちなみに京都駅の「竹籠弁当」のように、注文個数によってデッキまで配達の相談に応じてくれる駅弁会社も。いずれも数日前に電話で相談

すれば、目当ての駅弁を味わえる可能性が高い。優雅な寝台列車の旅で味わう名物駅弁の味わいは、また格別。電話予約を上手に利用して、旅の楽しみをひとつ、手に入れてみては。

京都駅／竹籠弁当

竹かごに盛られた京都らしい味覚

竹で編まれたかごの中には、麩や湯葉など京都らしい味覚が。2〜3日前までの予約で、デッキ受け渡し応相談(個数は相談による)。1000円 ㈲萩乃家 ☎075-361-1301

金沢駅／二味笹すし

生笹の香りがいい老舗料亭の人気すし

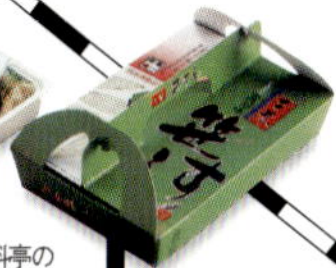

生笹に包まれた、老舗料亭の名物すし。紅鮭をのせたすし飯の間には白鮭やショウガ、細切り昆布が。前日までの予約でデッキ受け渡し可能。5個入り1100円 ㈲大友楼 ☎076-221-1758

敦賀駅／あなごすし

地元産米を炊き上げた秘伝のシャリ

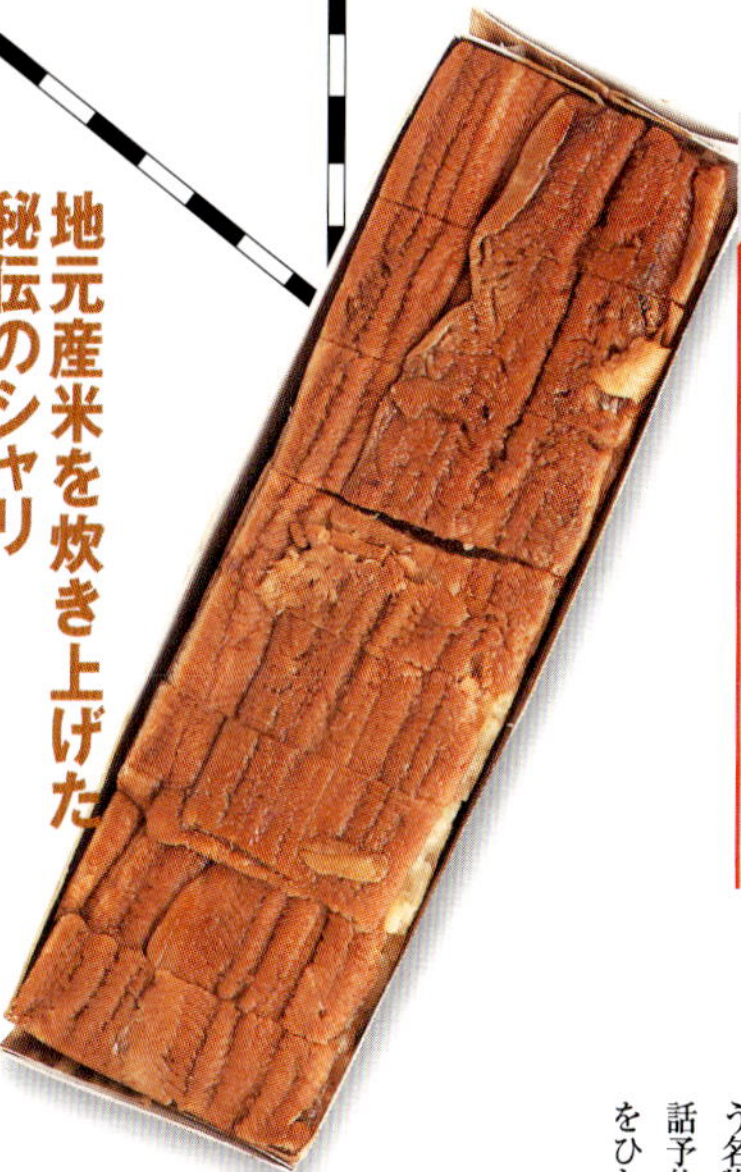

天然水で炊き上げるシャリの味付けは、100年以上受け継ぐ秘伝。甘めのたれをからめた穴子が主役。前日までの予約でデッキ受け渡し可能。950円 ㈲塩荘 ☎0770-23-3484

中に隠れているのは、キクラゲ。こりこりした食感がアクセントになっている。

札幌駅／北の鮭寿し

迫力たっぷりの棒寿司で北海道を味わう

竹の皮に包まれた棒寿司。昆布と鮭を豪快に味わえば「北海道に来た!」という実感がこみ上げる。大葉の香りがアクセント。1000円 ㈲札幌駅立売商会 ☎011−721-6101

新巻鮭を連想させる縄付きのパッケージ。プラスチックナイフ付き。

トワイライトエクスプレス

上り、下り駅弁が買える停車駅の時刻表

上り	下り
大阪発(12:00)	札幌(14:05)
↓	↓
新大阪(12:08-12:10)	金沢(8:48-8:50)
↓	↓
京都(12:38-12:39)	敦賀(10:36-10:52)
↓	↓
敦賀(13:43-13:45)	京都(12:14-12:18)
↓	↓
金沢(15:36-15:40)	新大阪(12:47-12:48)
↓	↓
札幌(9:07)	大阪(12:52)

上の時刻表を見ていただければ分かる通り、停車時間が4分以上あれば、駅弁が買えるという目安で選んでいます。また乗り入れが多い駅も駅弁を購入できる（新大阪・京都など）と考えて作成しています。

トラベルジャーナリスト
小林しのぶさんに聞いた

「私の駅弁の愉しみ方」

「お弁当を選ぶポイントは、お酒のツマミ(笑)。
寝台列車に乗るなら、
駅弁も高価なものを愉しみたい」

加賀懐石料理の極意がここに！

老舗料亭の料理長が仕立てた加賀懐石料理を盛り付けた駅弁。3日前までに大友楼へ電話予約（☎076-221-1758）をすれば、金沢駅のホームまで届けてくれる。3個以上、完全予約制。加賀野立弁当1万円

寝台列車に乗るときは、すこし贅沢をしませんか。せっかく、個室寝台で旅をするのなら、特別な弁当を食べたい。そのほうが気持ちも高揚するはずです。

たとえば、東京駅の駅弁はここ数年で、ものすごくおいしくなっています。『はやぶさ・富士』に乗る前に、私なら「きわめつき弁当」を買いますね。

夜行列車の旅には、こういう高級な駅弁が似合うと思います。

私は、駅弁を酒の肴にするんです。『はやぶさ・富士』の夜は長いですね。

愛用のぐい飲みを、旅に出るとき、私は必ず持参します。

さて、東京駅から『はやぶさ・富士』に乗って西へ向かうと、山口県で朝が明けて、下関駅あたりで朝食用の駅弁を買いたくなりますね。

「ふく寿司」が年中、買えます。冬なら「ふくめし」も売っています。郷土色豊かで、おすすめです。

下関駅に『はやぶさ・富士』は6分間、停まります。ホームの売店で買えなかったら階段を駆け下りてください。改札口の前に駅弁の店があります。『はやぶさ・富士』が発車していっても、あわてる必要はありません。『はやぶさ・富士』の11分後に下関駅を出る次の普通電車に乗れば、門司駅で追いつきます。

下関駅では、まだ個室の外へ出られる態勢になっていなかったという人は、次は博多駅ですね。

東京駅が誇る〝究極〟の幕の内弁当

ご飯はコンクールで金賞を受賞した宮城県の石井稔さんの米を使用。おかずにもこだわりがある。3日前までにNREへ電話予約(☎03-3213-4352) をすれば、売店で受け取ることができる。「東京5号売店」のみ販売。1日限定30個。極附(きわめつき)弁当3800円

鮮やかな桔梗色の風呂敷に“極附弁当”は包まれている。

“極附”とは、歌舞伎の世界で“究極”を意味する言葉。

小林しのぶ(こばやし しのぶ)

とりわけ駅弁に詳しいトラベルジャーナリスト。20年以上にわたって駅弁の食べ歩きをつづけており、すでに5000品以上の駅弁を食べている。『ニッポン駅弁大全』(文藝春秋)『この駅弁が旨い!』(角川ONEテーマ21)『「駅弁」知る、食べる、選ぶ』(JTBパブリッシング マイロネBOOKS)など著書多数。

小倉駅の「おこわ無法松弁当」も、名前に負けない豪快な駅弁なんですが、停車時間が1分では……。

意外にも、博多駅は「鯖」なんですね。「鯖寿司」「特上・さば寿し」「焼き鯖高菜巻き」「焼き鯖わっぱ」など、たいへん充実しています。また、切り身が厚いのもうれしい。

それから博多駅の「辛子明太弁当」も、すごいですよ。ひとはらゴロッとはいっています。

大阪駅を12時に出る札幌行き「トワイライトエクスプレス」に乗ったら、やっぱり金沢駅の「加賀野立弁当」ですね。お値段、1万円しますけど。

加賀料理が堪能できます。ただし、3日前までに、調製元へ注文の電話を入れておく必要があります(ただし、3個以上の注文からの受け付けになります)。

秋田駅なんかもそうですね。寝台特急『あけぼの』や『日本海』で朝食を入手するのはなかなかむずかしいのですが、前もって電話しておけば上手に買えるものもあります。

天下の比内地鶏を使った大館駅の「鶏めし弁当」もおすすめです。

札幌駅から『北斗星』に乗るときも、私はお気に入りの駅弁「北の鮭すし」を買います。

〝グランシャリオ〟のディナーって、時間が早いですよね。夜更けにお酒をいただきたくなったときのためです。残ったら、お土産にできますしね。

長距離の汽車旅に欠かせなかった「走るレストラン」の懐かしい記憶

憧れのノスタルジックトレイン 食堂車 百年の歴史をふり返る

ナイフ・フォークを手にして洋食に舌鼓を打った、あの懐かしい旅の日に、思いをはせる「走るレストラン」の百年史。食堂車をつないだ特急・急行が全国の幹線を駆けめぐり、新幹線「ひかり」の8号車は例外なく食堂車だった…夢のようなあのころへ。

ブルートレイン「あさかぜ」の食堂車。車両形式はナシ20。昭和33（1958）年に登場し、出張族のオアシスとなった。
交通博物館

特急「雷鳥」は約20年間、食堂車を営業した。食堂車が長くつづいた電車特急の一つだ。

「列車食堂は、旅行者みんなの憩いの場」という時代が、かつてあった。

新幹線や特急に乗れば、ウェイトレスの車内放送を耳にしたものだ。

「ただいま食堂では、夕食の準備を整えまして、皆様のお越しをお待ち申し上げております。食堂車は、なかほど8号車にございます」

窓外を流れる景色に目をやりながら、ビールや酒を飲み、定食や一品料理を楽しんで、やすらぎと望郷の旅情にひたる――。

車輪が線路をたたいて「カタン、コトン！、カタン、コトン！」とリズミカルな音を響かせる。

見知らぬ者同士が、四人向き合わせ

の相席について、よもやま話に花を咲かせる。

にぎやかで、温かく、香り豊かだった〝過ぎ去りしよき時代〟の食堂車。

そして、ビジネスマンの利用が多い特急・急行や新幹線の列車には軽食堂ビュフェが連結されていた。

鉄道車両のデザインで名誉ある数多くの賞に輝いている水戸岡鋭治さんは、次のように述懐する。

「サラリーマンといえども、列車に乗っているときは〝旅〟だと思うんですよ。昭和四十年代の初めに『ひかり』のビュフェでハンバーグステーキ定食を食べて、ほんとうにおいしかった。出張で新幹線に乗ると、うきうきしました」

この気持ちを大切にして、水戸岡さんはJR九州の〝つばめ型車両〟787系をデザインする。きらめきと落ち着きに満ちたビュフェを備えて特急「つばめ」が鹿児島本線に登場したのは、平成四（一九九二）年夏のことだ。

もちろん列車食堂は家族で訪れても楽しい場所だった。両親と子どもたちがめいめい好きなものを注文しても、父親の懐が大きく痛むことはなかった。家族団欒のひとときを過ごして、旅の楽しい思い出をつくることができた。

けれども、利用者が減ったことから列車食堂は次々と消えてゆき。今では「カシオペア」「北斗星」「トワイライトエクスプレス」「夢空間」に、高級なレストランを残すのみとなっている。

昼間特急&急行・寝台列車・新幹線

3タイプ別にふりかえる 黄金時代に活躍した食堂車たち

右上、右下、左下／鈴木靖人　左上／交通博物館

昼間特急・急行

昭和後期に一世を風靡した食堂車から、平成のビュフェまで

（左下）昭和30年代に東海道本線に登場した、客車特急「つばめ」「はと」のオシ17、（左上）電車特急「こだま」のモハシ150、（右上）戦後特急用に誕生したマシ35、（右下）七夕飾りをつけたスシ48。

『食堂車ノスタルジー』（イカロス出版刊）を著し、食堂車の歴史に詳しい岩成政和さんは、いう。

「食堂車のことも、鉄道車両の発達史のなかで見ると、よくわかります」

「食堂車黄金時代」の幕開けは、昭和三十三（一九五八）年秋、ブルートレインの第一号によって宣言されたという。20系客車の誕生だ。

20系は、一両をまるごと電源（発電）車とすることで、列車の電力不足を解消。これにより東京と九州をむすぶ寝台特急「あさかぜ」の食堂車が「完全電化キッチン」となった。

「スペースや性能の面で過酷な条件の食堂車は、メーカー側にとっては、つねに製品のテストの場でした。国鉄の技術革新は、世の中の何歩も前を進んでいたんです」

同じ年、20系よりやや遅れて、東海道本線に電車特急「こだま」がさっそうとデビューする。

〝ビジネス特急〟と称した「こだま」は日本初の軽食堂ビュフェを備えて、東京～大阪・神戸をむすんだ。

「こだま」のビュフェでは、列車公衆電話、エアタオル、速度計といった、斬新なサービス設備が目を引いた。

「電車急行『なにわ』『せっつ』などのビュフェは、握り寿司のコーナーを設けたんですね。でも職人が包丁で怪我をするなどの問題があり、握り寿司のビュフェは短命に終わります。当時、高速で走る列車はよく揺れたのです」

昭和三十六（一九六一）年秋には、新造の80系気動車を使って、全国にローカル特急の運転が開始される。

北海道の大地を走る特急「おおぞら」「北斗」などの食堂車、キシ80では「アスパラガスのバター炒め」「あきあじ

ＪＲ九州の特急「つばめ」は、洗練されたデザインのビュフェを備えて、平成4（1992）年にデビューした。車両形式はサハシ787。

昭和36（1961）年に登場し、全国津々浦々で親しまれた82系ディーゼル特急の食堂車、キシ80。営業終了は昭和61（1986）年。

岩成政和

食堂車の歴史

1898（明治32年）	山陽鉄道（今のJR山陽本線）に、日本初の食堂車が登場。
1901（明治34年）	東海道本線に、食堂車がお目見え。国鉄における初の食堂車。
1944（昭和19年）	太平洋戦争で、食堂車の営業は全面的に休止となる。
1949（昭和24年）	東京〜大阪に運転を開始して戦後初の特急となった「へいわ」、および東京〜鹿児島の急行で食堂車が復活。
1956（昭和31年）	東京〜博多に、食堂車を連結して、夜行特急「あさかぜ」がデビュー。オシ17（「つばめ」「はと」用）
1958（昭和33年）	「あさかぜ」が、旧型の客車から、新造の20系客車に置き換えられて、日本初のブルートレインとなり“動くホテル”と呼ばれる。食堂車を連結。ナシ20
1958（昭和33年）	東京〜大阪・神戸に、特急「こだま」がデビュー。151系電車を使って二往復運転。ビュフェを営業。モハシ150
1960（昭和35年）	「はつかり」が、旧型客車から、最新型の80系気動車に置き換えられ、日本初の気動車特急となる。食堂車を連結。キサシ80
1964（昭和39年）	北陸本線に、交流直流両用の481系電車を使った特急「雷鳥」「しらさぎ」がデビュー。食堂車を連結。サシ481
1964（昭和39年）	東海道新幹線が東京〜新大阪に開業。ビュフェを営業。車両は0系。35（「ひかり」「こだま」ビュフェ用）
1968（昭和43年）	白紙ダイヤ改正で、全国の特急（在来線）は一日に約170本の運転へ大増発され、その大半で列車食堂を営業。
1974（昭和49年）	東京〜岡山の0系「ひかり」で食堂車の営業がはじまる。36（「ひかり」食堂車用）
1985（昭和60年）	電車特急「白鳥」「雷鳥」「しらさぎ」「北越」「白山」「鳥海」から食堂車が外されるか営業休止となる。これで電車特急における食堂車の営業はすべて終了した。
1985（昭和60年）	東海道・山陽新幹線に100系デビュー。二階建て食堂車が「ひかり」で営業を開始。168（「ひかり」二階建て食堂車用）
1988（昭和63年）	山陽新幹線に“ウェストひかり”デビュー。喫茶店ふうのビュフェを営業。車両は、リニューアルした0系。　37―5000・7000（“ウェストひかり”ビュフェ用）
1989（平成1年）	「トワイライトエクスプレス」デビュー。豪華な内装の食堂車を連結。スシ24
1992（平成4年）	JR九州の特急「つばめ」でビュフェの営業を開始。サハシ787
1993（平成5年）	寝台特急「あさかぜ」「さくら」「はやぶさ」「富士」の食堂車が営業を終了。在来線の食堂車は「北斗星」と「トワイライトエクスプレス」に残るだけとなる。
1995（平成7年）	0系「ひかり」における食堂車の営業がすべて終了した。
1999（平成11年）	オール二人用個室A寝台という画期的なデラックス編成で、寝台特急「カシオペア」デビューダイニングカーを連結。
2000（平成12年）	100系における食堂車の営業がすべて終了した。

寝台特急

寝台特急がブルートレインと呼ばれて輝いていたころの食堂車

（上）平成5（1993）年まで営業をつづけた「富士」「はやぶさ」のオシ24と、（下）宮廷ふうのインテリアで話題を呼んだ「あさかぜ」のオシ24（700番台）。

の浜焼き」「いかのポッポー焼き」などを楽しむことができた。

そして「黄金時代」は交流直流両用の特急形電車の登場で完成期を迎える。特急「はつかり」「ひばり」「雷鳥」「しらさぎ」「白山」「つばめ」「はと」といった〝エル特急〟が、サシ481、サシ581、サシ489と称する食堂車を連結して、全国の幹線を毎日忙しくかけめぐった。この時期、食堂車メニューは大衆化し、ビジネスマンの昼食代ていどで味わえるセット料理へと変化していく。

昭和五十（一九七五）年春、新幹線は関門海峡を越えて九州へ延びる。東京～博多の所要時間は、六時間五〇分。この機をとらえて、本格的な食堂車が「ひかり」に導入された。

昭和五十（一九七五）年春の時点で、列車食堂用の車両は在来線で約二八〇両、新幹線で約二四〇両にも達する。

しかし「食堂車　黄金時代」の幕切れは、意外な早さでやってきた。

昼間の特急は昭和六十（一九八五）年、寝台特急は平成五（一九九三）年、新幹線は同十二（二〇〇〇）年に営業を終了した。新幹線網の拡大と特急の短編成化によって乗車時間が短縮し、比較的高価な食堂車へのニーズが激減したことが主な原因だった。

新幹線

「ひかりに食堂車」は、東海道山陽新幹線の常識だった時代

（上）東海道山陽新幹線の0系「ひかり」は、昭和49（1974）年から平成7（1995）年まで食堂車を営業した。

（下）東海道山陽新幹線の100系「ひかり」は、昭和60（1985）年から平成12（2000）年まで食堂車を営業した。　小川修

交通博物館

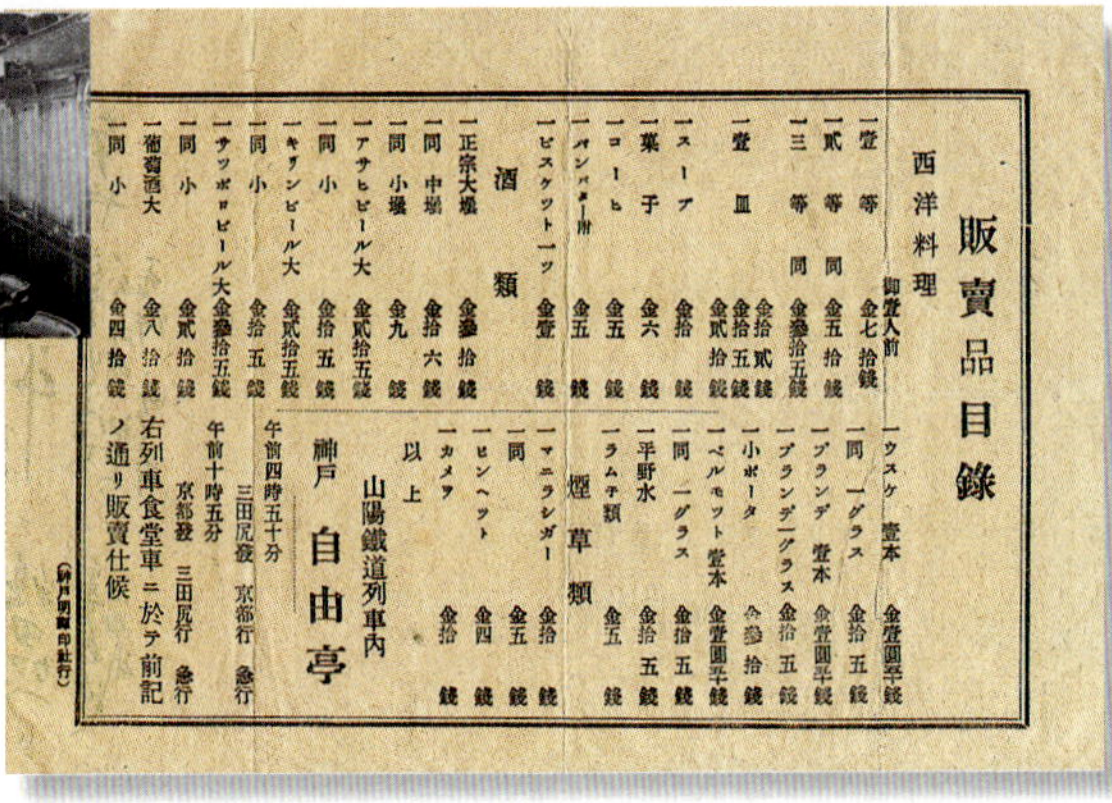

販賣品目錄

西洋料理

一壹等　御壹人前　金七拾錢
一貳等　同　金五拾錢
一三等　同　金參拾五錢
一壹皿　金拾貳錢
　金拾五錢
　金貳拾錢
一スープ　金拾錢
一菓子　金六錢
一コーヒ　金五錢
一パンバター附　金五錢
一ビスケット一ツ　金壹錢

酒類

一正宗大壜　金參拾錢
一同　中壜　金拾六錢
一同　小壜　金九錢
一アサヒビール大　金貳拾五錢
一同　小　金拾五錢
一キリンビール大　金貳拾五錢
一同　小　金拾五錢
一サッポロビール大　金參拾五錢
一同　小　金貳拾錢
一葡萄酒大　金八拾錢
一同　小　金四拾錢

一ウスケ　壹本　金壹圓半錢
一同　一グラス　金拾五錢
一ブランデ　壹本　金壹圓半錢
一ブランデ一グラス　金拾五錢
一小ポータ　金參拾錢
一ベルモット壹本　金壹圓半錢
一同　一グラス　金拾五錢
一平野水　金拾五錢
一ラムチ類　金五錢

煙草類

一マニラシガー　金拾錢
一同　金五錢
一ピンヘット　金四錢
一カメヤ　金拾錢

以上

山陽鐵道列車内
神戸　自由亭

午前四時五十分　三田尻發　京都行　急行
午前十時五分　京都發　三田尻行　急行
右列車食堂車ニ於テ前記ノ通リ販賣仕候

（神戸明輝印刷社行）

山陽鉄道（のちの国鉄山陽本線）に明治32（1899）年に登場した日本初の食堂車の車内（上）と、神戸自由亭によるメニュー（右）。

天理参考館

流れる景色とともに味わう至福のひととき

旅のレストランで味わう 憧れの食堂車メニューいま昔

大衆食堂、駅前食堂、社員食堂——。食堂という言葉にはどこか〝安っぽい〟イメージがつきまとうのに「列車食堂」だけは、そうではない。だれもが「食堂車」と聞けば、高雅な香りのただよう華やかな場所を思い浮かべる。

それは、そもそも黎明期から戦後しばらくまでの食堂車が、一般大衆には縁遠い「洋式の社交場」だったことによるのだろう。

明治四十五（一九一二）年、新橋～下関にデビューした日本初の特別急行列車は、関釜連絡船やシベリア鉄道などと連絡運輸を行い、ヨーロッパへの道を開く。のちに「富士」と名づけられるこの特別急行列車は、一、二等車、展望車、そして食堂車を連結していた。

メニューはもちろんビーフステーキやチキンカツレツ、スープなどを中心とする洋食だった。

ただし、明治末から大正にかけて、焼魚や刺身、サツマ汁など和食専門の「和食堂車」が存在したことも忘れてはなるまい。

『日本国有鉄道百年史』（全一四巻）によると、明治三十九（一九〇六）年、東海道本線の三等急行列車に初めて「和食堂車」が連結されている。

戦後、食堂車は昭和二十四（一九四九）年に復活し、戦後復興と高度経済成長のなかで、急速な発展をとげる。

岩成政和さんは、食堂車のピークを「昭和四十八（一九七三）年十月ダイヤ改正の直後あたり」と推定している。

このころ、全国で食堂車・ビュフェを営業する特急・急行は、新幹線を含め一日におよそ五三〇列車にのぼり、担当する会社も老舗の日本食堂をはじめ、

東海道線電化。記念として作られた特急「あさかぜ」の食堂車内部の絵葉書。日本食堂製。昭和33年11月。

天理参考館

昭和39（1964）年、帝国ホテルのメニュー。旧帝国ホテルの正面玄関にある柱をイメージしたカットがあしらわれている。

天理参考館

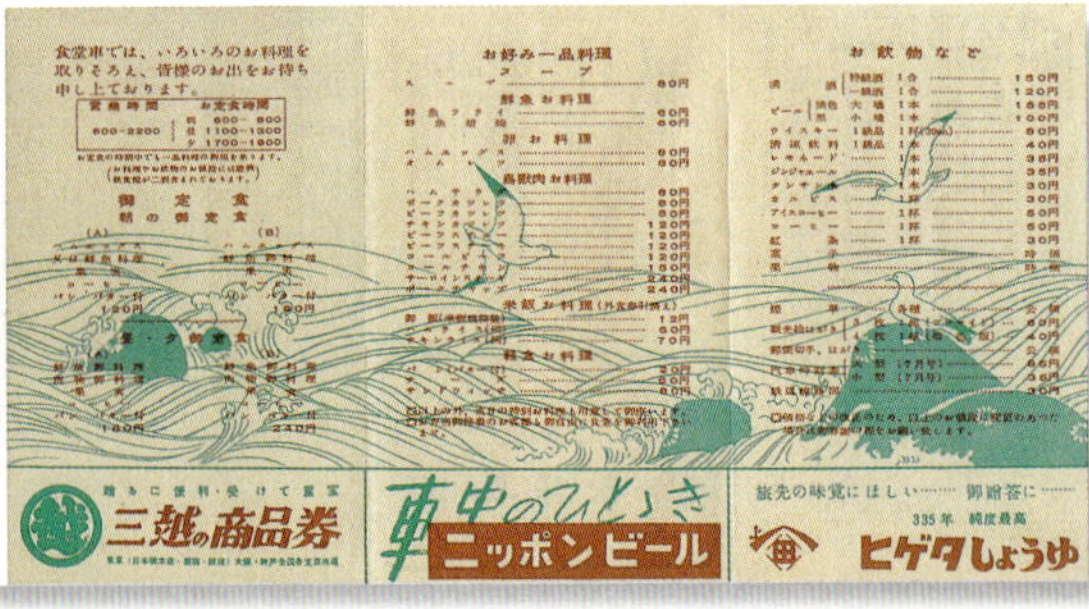

日本食堂のメニュー。左が昭和26（1951）年、右が昭和27（1952）年。広告や、地方色豊かな写真が目を引く。

天理参考館

食堂車といえば「ハンバーグライス」だったころ

昭和50年代、0系「ひかり」は16両編成で、8号車が食堂車だった。

帝国ホテルによる0系「ひかり」食堂車の「ステーキディナー」(3500円)。昭和56(1981)年。他社のメニューはおおむね1000円台だった。

ブルートレイン「あさかぜ」の「ハンバーグライス」(右)と、100系「ひかり」の「ハンバーグライス」(左)。どちらも昭和50年代。

100系食堂車　最後の頃のメニュー

右上から左下へ　カレーライス/ビーフシチュー/うなぎ御膳/和風御膳/鴨の燻製＆チーズ盛り合わせ/朝食。初のフルモデルチェンジとなった新幹線100系の二階建車両、階上の「展望食堂車」は楽しい食のひとときを提供してくれた。

小川 修

帝国ホテル、都ホテル、鉄道弘済会など五社余りを数え、サービス競争が展開された。各社横並びの料金やパタン化したメニューから脱して、地方的特色や季節感を出すことに工夫をこらした。また、食堂長が乗客から夕食の予約をとるために、車内をまわるといった光景も見られた。ブルートレインで「長崎チャンポン」「関門定食」などの郷土料理が人気を呼んだ時期もある。

岩成さんは、とりわけ新幹線の二階建て食堂車を賞賛する。

「新幹線の食堂車は、営業する会社の名が『時刻表』にのっていましたね。ぼくなんか、それを見て、乗る列車を選んだものです。都ホテルが抜群においしかったですね。材料は、京都駅で積んだんです」

１００系「ひかり」がデビューした昭和六十（一九八五）年十月号の『時刻表』を開くと、食堂車のメニューは「仔牛のクリームシチューセット（カントリー風）２０００円」「ハンバーグステーキセット（ウエスタン風）１５００円」「玄海刺身御膳１８００円」となっている。

激動の新時代を駆け抜け、技術の実験場でもあった

乗務員の心意気が一皿に結集！
食堂車の「厨房」の秘密に迫る

電車特急用の食堂車を改造したスシ24が「トワイライトエクスプレス」に連結されている。

「トワイライトエクスプレス」の厨房で炎があがる。4人のクルーが手際よく腕をふるう。

特急用ディーゼルカーの食堂車、キシ80は、電気レンジを備えて昭和36（1961）年に登場した。　岩成政和

昭和26（1951）年に登場したマシ35の調理室。石炭レンジを備えていた。東海道・山陽本線や北海道で活躍。　鈴木靖人

「九州鉄道記念館」で八面六臂の毎日を送る宇都宮照信さんは、鉄道好きが高じて、日本食堂の門をたたいた人だ。

　客車急行「雲仙」を皮切りに、寝台特急「はやぶさ」、二階建て「ひかり」など、多くの列車食堂に勤務した経歴を持つ。

「『雲仙』の食堂車は、石炭レンジだったので、午前3時過ぎには起床して、火をおこさなければならず、けっこうつらかったです」

　宇都宮さんが〝見習〟となったころ、急行列車の食堂車では、石炭レンジが使われていた。

　やがて宇都宮さんは「はやぶさ」の勤務を命じられて、電気レンジ、電気冷蔵庫などを備えた本格的な〝電化食堂車〟ナシ20で働くようになる。

「あこがれのブルートレインです。ほんとうに夢のようでした。屋根に上って煙突を掃除する仕事も、しなくてよくなりました」

　日本の家庭に先駆けて、「チンして手軽な」電子レンジも、昭和三十年代の中頃、電車急行のビュフェや夜行急行の〝サロンカー〟にお目見えしている。東海道新幹線のビュフェも電子レンジを採用して開店した。

　しかし、在来線の食堂車では、その後も電子レンジは普及していない。

　岩成政和さんは力説する。

「『カシオペア』や『トワイライトエクスプレス』では、電子レンジは使っていません。食堂車の厨房で、コックが自慢の腕をふるった料理が、テーブルにならぶのです」

「ハチクマライス」と呼ばれた車掌や食堂車クルー用の特別料理。キャベツ、ハム、目玉焼の順番でライスに盛る。
今村陽一／撮影協力（スパイスハウス香辛房）

始発駅を発車するとき、食堂車のクルーはホームに向かって一礼するのが慣習になっていた。　交通博物館

小さなころから寝台列車が好きでした

各界で大活躍する有名人の中に鉄道ファンは多い。
今回、鉄道好きで知られる有名人4人に
鉄道にまつわる思い出をインタビューした。
長い時間を寝台で過ごす
寝台列車は、たまらない魅力を持つようだ。
小さな頃からの憧れだった寝台列車の至福の思い出とは？

自他ともに認める鉄道ファンの有名人4人にインタビュー

加山雄三
やなせたかし
堺正幸
竹中平蔵

加山雄三

俳優

高校の修学旅行で乗った夜行列車が、楽しい青春時代の思い出のひとつ。

夜行列車なら、よく乗りました。慶應高校の修学旅行で、北海道へ10日間、貸切の列車で寝泊りしながら行ったんです。そのとき、函館のデパートでハンモックを買ったやつがいた。それはよいアイデアだと、みんなが買って、それを座席の上の荷棚に吊るして寝たんだけど、一人が子供用だったらしく夜中に切れて、どすんと下に落ちて、それは大騒ぎになりましたよ。

母親が美容体操の先生をしていて、うちに30畳くらいの広さの体操場がありました。そこが、正月休みには、僕の鉄道模型を走らせる遊び場になる。そこで年末から突貫工事となって、大学の友達が自分の車両を持って駆けつけてくるのです。複線にして「おまえ、内側、おれ、こっち側を走らせる」って、3日間、思いっきり遊びました。

「加山雄三ミュージアム」を西伊豆に数年前に作ったのですが、そこに、これまでに作ったり集めたりした鉄道模型のための大きなジオラマを設けました。HOゲージの模型が全部で200両以上あり、アメリカの「ビッグボーイ」も走っていて、人気のコーナーのひとつです。とにかく本格的で、C62《シロクニ》なんか、本体からサウンドが出るようにしてあるのですよ。「シュッシュッ、ポッポ」と本当に楽しい。汽笛も鳴らします。

僕は茅ヶ崎で育ちました。小学校が東海道本線の線路のすぐそばにあって列車の走ってくる音が教室の中まで聞こえてきました。その音を聞くだけで、「あ、今のはEF58だ」とか「下りの特急『つばめ』だ」とか、わかりましたよ。当時東海道本線の列車はとにかくカッコよかった。種類も豊富でした。今はEF200という電気機関車の模型を手に入れたいと考えています。新幹線に乗ると、よく見るコンテナの長い貨物列車をひっぱる機関車なのですが、なかなか買いに行くチャンスがなくて、手に入らない逸品です。

夢は、アメリカの大陸横断鉄道の線路を使って、運転士を雇って、仲間と一緒に特別列車で旅をすることです。編成は3両くらいにしたいですね。一両は展望のよい居間。一両は風呂場とか、キッチンとか。一両は寝台車。片っ方は通路で全部個室の寝台。カナディアンロッキーのほうへも行く。

鉄道の最大の魅力は心のゆとりが持てることでしょうか。いい意味でのスローライフ、鉄道にはそれがあるのです。いっとき、宇宙飛行士にあこがれたこともあったけど、やっぱり地上の乗り物が、いい。鉄道車両の「ガタン、ゴトン」を聞いているだけで、ほっとできます。

1937年神奈川県生まれ。60年東宝に入社し、「独立愚連隊西へ」で初主演。61年から「若大将シリーズ」が大ヒットする。歌手としても「大学の若大将／夜の太陽」でデビュー。その後も弾厚作のペンネームで作詞作曲をし「君といつまでも」など大ヒットを飛ばす。66年NHK紅白歌合戦に初出場。日本レコード大賞特別賞を受賞。4月より全国ツアーが開始。

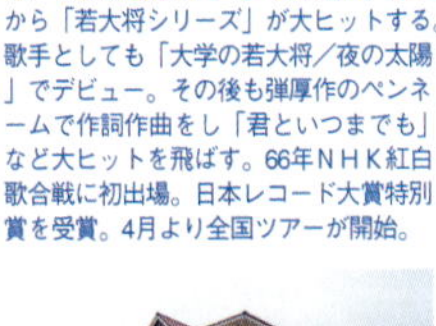

加山雄三ミュージアム／俳優、歌手、作曲家として活躍する加山雄三の写真や秘蔵フィルム、愛用のギターが公開されている。また海や外国の印象的で美しい風景を彼自身が描いた絵画も常時40点以上展示している。住静岡県賀茂郡西伊豆町仁科2048-1 ☎0558-52-1122 営9時〜16時30分（入館は16時まで）年中無休

やなせたかし

漫画家

汽車に馴染んだ僕らの世代では、個室寝台列車は贅沢品のひとつ。

僕は四年前、石原伸晃国土交通大臣に表彰されました。JR四国の土讃線や予讃線などに「アンパンマン列車」が走っているし、故郷の高知には「アンパンマン電車」「アンパンマンバス」があります。今年の春には「瀬戸大橋アンパンマントロッコ号」も登場しました。出発式のとき「一日駅長」をやったんですよ。制服を着てね「出発、進行！」なんて、片手を挙げるんだ。そのくせ、そのまま乗りこんでしまうもんだから（笑）、次のときは「一日車掌」をやらされましてね。「笛の吹き方が上手だ」と、ほめられました。

　土佐くろしお鉄道ごめん・なはり線の駅のキャラクターも考えました。地元の名所や名物を「かがみかんちゃん」「あきうたこちゃん」「球場ボール君」というふうに、愉快なキャラクターにしたのです。最初、「一つお願いします」と頼まれたんだけど、結局、全部の駅に作りました。

　ローカル鉄道というのは、昔のように「運輸」だけですむものではなく、駅が楽しくなくちゃいけないと僕は考えています。家族そろって出かけられるようにしたい。駅の中で展覧会をするとか、切符に懸賞をつけるとか……。駅が楽しくなれば、町も華やかになります。駅に楽しみがほしいのです。

「日本最後のローカル新線」なんていわれて平成十四年に開業したごめん・なはり線を、応援する友の会があって、僕はその会員ナンバー第一号でもあるのですよ。

　僕の家が後免駅から200メートルのところにあったころ、汽車で高知の学校に通っていました。そのころから僕はずっと鉄道が好きなのです。旧制中学を卒業して上京したんだけど、故郷と東京の行き来は汽車。もちろん、個室寝台などという贅沢なものはない。宇高連絡船をおりて、東京行きの急行列車へ向かって桟橋を走ったものでした。いい席を取るためにね。そのあと、窓を開けて駅弁を買うのが楽しみだったなあ。ベルが鳴って、汽車が動き出しても、お釣りを渡すために売り子のおじさんがホームを走って追いかけてくるのがおかしかった（笑）。

　戦後、寝台車にはよく乗りましたよ。はしごをよじ登って狭いところにはいっていくのがおもしろかったなあ。

　僕の出身地に「アンパンマンミュージアム」があります。列車でぜひお出かけください。大歩危・小歩危の渓谷も列車ならのんびり眺められますよ。

漫画家／絵本作家。高知県出身、1919年生まれ。東京高等工芸学校図案科（現千葉大）卒業。三越宣伝部にグラフィックデザイナーとして勤務ののちフリーに。代表作「手のひらを太陽に」（作詞）、絵本「アンパンマン」シリーズなど。1996年（平成8年）高知県香美郡香北町にアンパンマンミュージアムをオープンし、名誉館長に就任。現在、日本漫画家協会理事長、日本青少年文化センター理事。

堺正幸

アナウンサー

ゆったりと自分の時間を満喫して、目的地に到着できる寝台列車は一石二鳥。

私は、神奈川県川崎市で生まれ育ったのですが、近くに当時国鉄の六郷鉄橋というのがあって、小学生のとき友達2人とそこへ出かけては、よく土手から列車を眺めていました。

ふつうアナウンサーは、飛行機で移動することが多いのですが、私の場合は、可能な限り列車を使います。スポーツアナウンサー時代の若い頃プロ野球「広島・巨人戦」のベンチリポートで広島に応援に行ったときなどは、中継終了後、遅い夕食を摂ったあと午後11時前後の上りのブルートレインに乗って帰れば、朝には東京に戻ることができたんです。個室で洗面台もついている寝台列車は、本当に快適でした。夜が明け、静岡を過ぎると朝日に輝く富士山が徐々に迫ってきて、最高でしたね。寝台列車は移動できる上、現地までの時間をゆったりと一人で過ごせて、一石二鳥な上、必ず食堂車がついていて、楽しみのひとつでもありました。当時も寝台特急は窓が開きませんでしたが、他のほとんどの列車では窓が開けられて、自然の風がひゅーっと車内を吹き抜けるわけですよ。熱い夏など、それはそれは気持ちがよかったな。クーラーを入れた車内では味わえない爽快さでした。

JR東日本の新幹線と在来線特急列車の自動車内アナウンスの声は私です。部下が新幹線に乗っていて気持ちよく眠ってリラックスしていると、急に私の声で、「ご乗車下さいまして、ありがとうございます」と聞こえてくるわけです。また何か上司に用を言いつけられるのかとハッとして目覚めるらしく、「本当にびっくりしました。室長がアナウンスしていたのですね。せっかくくつろいでいたのに車内でまで、室長の声で驚かさないで下さいよ」と出張帰りの部下によく言われてるんですよ。

フジテレビCS739で放送されている「みんなの鉄道」という番組のナレーションを担当してからますます日本の美しい四季折々の風景を車内から満喫できる車窓の魅力に目覚めました。休みが取れると、自分で時刻表を眺めながら、地方のローカル線を乗り継ぐことのできるプランを立てて出かけます。2月には一日に3往復しか走らない岩泉線（岩手県）にも乗ってきました。私は車窓を思いっきり楽しみたいので、風情のあるローカル線に乗る際は、日の出から夕暮れまでの間と決めているくらいです。のんびりと地元の雰囲気を満喫しながら、北から南までJRの全線を完全制覇するのが、私の夢ですね。

1952年生まれ。慶應義塾大学卒業後、フジテレビにアナウンサーとして入社。主に報道番組、競馬実況などで活躍し、2005年7月、アナウンス室室長に就任。鉄道ファンとしても知られ、JR東日本の新幹線や特急列車の車内放送用アナウンスを担当している他、鉄道ビデオ等のナレーションでも活躍。『堺の車窓から』というコラムをフジテレビのホームページで持っている。

竹中平蔵

慶應義塾大学教授

暑い日も寒い日もダイヤどおりに、走る列車のエネルギーに魅かれます。

鉄道は、私にとって楽しみの対象です。列車の音を聞いて、車窓をながめながら、陸路を行くのが好きです。ロンドン〜パリの「ユーロスター」にも乗っているし、タイではバンコク駅へ足を運んで、ターミナルの雰囲気にひたったこともあります（笑）。

北海道の稚内へ参りました折、宴席がすんで夜の10時前、秘書官と警護官を連れて、駅に夜行列車を見に行ったことがありました。札幌行き「利尻」です。どんな列車なのか、見てみたくて（笑）。大臣のときの話です。

小学五年生のころ、京都から夜行の普通列車に乗って、山陰へ、父親に連れていってもらったことがあります。朝がきて、伯耆大山が車窓に浮かぶ。列車の最後部に立って、銀色の線路と流れ去る風景を眺めながら、鉄道っておもしろいなあと、つくづく思ったんです。この旅がきっかけで、私は『時刻表』マニアになってしまって、小学六年生のときには、たとえば、今、上り「第1なにわ」が名古屋駅を出たとか、東海道本線の特急・急行のダイヤが、ほとんど頭に入っていました。

あのころは、特急「こだま」「つばめ」「はと」が、東京〜大阪間を6時間30分で結んで脚光を浴びていましたが、東海道本線に急行「よど」とか「いこま」とか「せっつ」とかあって、所要時間は7時間30分。「特急と1時間しか違わないんだ。急行も案外、速いんだなぁ」なんて『時刻表』を読んで、悦にいっていました。

私は和歌山の出身で、和歌山と東京をむすぶ夜行列車があったのも知っています。和歌山線の普通列車に寝台車が一両だけつながってたんです。東京〜王寺間は急行「大和」に併結の寝台車です。それから、準急というのがありました。紀勢本線の準急「きのくに」は南海の難波駅からくる気動車を東和歌山駅でつないでいました。雨のなかも、すごく暑いときも寒いときも、決められたダイヤどおりに、さっそうと走る列車ならではのパワーというか、エネルギーというのが、すごいなあと思うんです。

このあいだ、下北半島の大畑線で、動態保存されているキハを運転して、うれしかった。また行きたいです。

最近は、ある会社の社長さんを訪ねるのも楽しみのひとつになっています。その方の部屋は、東京駅を一望のもとに見渡すことができて、それはそれは気持ちがよいのです。

1973年一橋大学経済学部卒業後、日本開発銀行入行。ハーバード大学客員准教授、慶應義塾大学総合政策学部教授等を経て、2001年小泉内閣権下で民間人として経済財務政策担当大臣に就任。2002年金融担当大臣兼務。2004年参議院議員に当選。経済財政政策・郵政民営化担当大臣、2005年総務大臣・郵政民営化担当大臣。2006年政界引退。慶應義塾大学教授、日本経済研究センター特別顧問等を務める。

 取材・文／松尾定行　撮影／大沢つよし

行シーン10選

窓からの風景

寝台列車の名

海、山、夕陽、深夜etc 日本各地の

1988年の運行開始以来、豪華個室寝台列車のイメージを決定づけた「北斗星」。東北本線金谷川〜松川。

函館本線・内浦湾沿い（落部〜野田生）を走る「カシオペア」。朝焼けを浴びて銀色のボディがきらめく。

JR
JR

関西から九州へと向かう貴重な寝台列車「なは」
は、長崎が終点の「あかつき」と併結運転される。

JR

CASSIOPEIA

JR

EF81 92
CASSIOPEIA

EF 81 43
Twilight Express

6

kkojin
一個人 特別編集

豪華個室寝台列車の旅

2007年10月20日 初版第1刷発行

編　者　一個人編集部

発行者　栗原幹夫

発行所　KKベストセラーズ
〒170-8457　東京都豊島区南大塚2丁目29番7号
電話　03-5976-9121
振替　00180-6-103083
http://www.kk-bestsellers.com/

装　幀　野村高志+KACHIDOKI

印刷所　凸版印刷株式会社

製本所　凸版印刷株式会社

ISBN978-4-584-16585-0 C0026